세상에는 일곱 가지 죄가 있다.
노력 없는 부, 양심 없는 쾌락, 인격 없는 지식, 도덕성 없는 상업,
인성 없는 과학, 희생 없는 기도, 원칙 없는 정치가 그것이다.
마하트마 간디

많은 사람들이 무엇이 진정한 행복인지에 대해 잘못된 생각을 가지고 있다.
행복은 자기만족에 의해서가 아니라,
가치 있는 목적에 충실함으로써 이루어진다.
헬렌 켈러

사람들은 자신의 생각을 말하는 것이
자신의 성격을 드러내게 되는 것인데도
의외로 그것을 잘 모르는 눈치다.

에머슨

인격은 꿈꾸듯 쌓을수 있는 게 아니다.
망치로 두드리고 다듬듯 꾸준히 노력해 스스로 쌓아나가야 한다.
제임스 A 프루드

인성이
내 아이의
인생을
바꾼다

인성이
내 아이의
인생을
바꾼다

펴낸날 2021년 9월 10일 1판 1쇄

지은이_정학경
펴낸이_김영선
책임교정_이교숙
교정·교열_정아영, 남은영
경영지원_최은정
디자인_바이텍스트
마케팅_신용천

펴낸곳 (주)다빈치하우스-미디어숲
주소 경기도 고양시 일산서구 고양대로632번길 60, 207호
전화 (02) 323-7234
팩스 (02) 323-0253
홈페이지 www.mfbook.co.kr
이메일 dhhard@naver.com (원고투고)
출판등록번호 제 2-2767호

값 15,800원
ISBN 979-11-5874-126-6 (03370)

초연결 시대 행복한 성공을 여는 열쇠

인성이 내 아이의 인생을 바꾼다

정학경 지음

프롤로그

앞으로는 인성이 스펙이다

21세기에는 도덕성을 지닌 민족만이 번영할 수 있을 것이다.

- 앨빈 토플러

'개천에서 용이 나는' 시대는 지났다고 합니다. 이제 부모들은 개천보다 더한 늪지대나 하수구에 떨어지지 않기를 바라는 마음으로 교육하는 게 현실입니다. 한편으론 이 시기를 어떻게 보내느냐에 따라 단 한 번뿐인 내 아이의 인생이 달려 있다고 믿기에 많은 돈을 들여 자녀교육에 열을 올립니다. 지구상 모든 부모는 내 아이가 행복하고 성공하길 바라니까요.

저는 진로와 입시를 상담하는 교육컨설턴트이자 강사입니다. 그러다 보니 초등학생부터 고등학생 자녀를 둔 부모들은 제게 많은 것을 묻습니다. 자녀의 진로와 진학을 위해서 어떻게 해 줘야 할지, 성적을 올리기 위해 무엇을 해 줘야 할지 등, 이런 질문들은 사회가 어려울수록 더욱 절박해지는 것 같습니다.

10년 넘게 다양한 아이들을 만나면서 한 가지 의문이 생겼습니다. 긍정적이고 낙천적이면서 목표를 이루기 위해 스스로 노력하고 세상에 도움이 되고픈 이타적인 아이들이 있는가 하면, 비싼 돈으로 사교육을 받으면서 부모가 뒤에서 밀고 앞에서 이끌어도 효과가 없는 아이들이 있다는 것이죠.

"무엇이 이 차이를 만드는 걸까요?"

이 질문에 구체적으로 답하기까지는 꽤 긴 시간이 걸렸습니다.

대부분의 부모들이 들고 온 문제들은 겉으로 보면 성적과 입시이지만, 사실 본질은 이 질문과 관련이 있었습니다. 성공과 성취는 겉으로 자연스럽게 맺어지는 열매와 같은 것일 뿐 실제로는 그 열매를 맺기까지 눈에 보이지 않는 것이 더 중요하다는 것입니다.

사교육에 종사하는 사람은 시험 기간에 성적 올려주고 유명 대학에 잘 보내면 그걸로 끝입니다. 과도한 학업 경쟁으로 스트레스를 받고 아이들의 자존감이 낮아지는 건 하도 많이 봐서 그런지 그러려니 하고 무뎌졌습니다. 순수함이 점점 사라지고 영악해진 것도 그러려니 합니다. 그런데 남자아이들이 스마트폰 게임을 넘어 도박사이트에 중독되고 열 살 안팎의 아이들조차 음란물과 가상세계에 빠져 눈이 벌게지고 머리가 흐리멍덩해지는 것을 봤을 때 저는 '아차' 싶었습니다. 청소년 여자아이들이 "등록금도 비싼데 스폰 받으면서 대학 다니면 안 되나요? 성형수술도 하고 싶고 명품 가방도 갖고 싶은데 돈을 빨리 많이 벌고 싶어요. 어떻게 하면 돈을 많이 벌 수 있어요?" 하고 말할 때는 정신이 번쩍 들었습니다. 또 "어차피 취직도 안 되고 아르바이트하면서 100만 원도 못 버느니 정부에서 주는 수당이나 받고 적당히 편하게 사는 수급자가 나을 것 같아요."라는 말을 들었을 때는 눈앞이 캄캄해졌습니다.

문제 학생이라서 이런 말을 내뱉는다고요? 아닙니다. 지극히 평범한 학생들이었습니다. 마치 내일이 없다는 듯 말하는 학생들을 보며 우리의 미래가 걱정되었습니다. 점점 우리 사회에서 대학에 못 들어가는 '입시 실격자'보다 인간 이하인 '인간 실격자'가 나오는 것이 더 걱정스러웠습니다.

제가 아이를 낳고 키우면서 학생들의 이런 모습이 더 눈에 들어왔습니다. 엄마가 되면서 가장 달라진 점은 좋은 세상을 만드는 데 관심이 커졌다는 것입니다. 이건 저뿐만 아니라 이 세상 자식 키우는 엄마들이라면 비슷하게 느끼는 감정일 것입니다.

스마트폰을 열면 하루가 멀다 하고 연예인과 스포츠 스타들의 학교폭력 미투나 성폭력 미투가 쏟아집니다. 시대가 정말 많이 바뀌었음을 실감합니다. 이제는 이처럼 뒤늦게 과거가 발목을 잡기도 합니다. 4차 산업혁명 시대 기술 발전으로 우리의 삶은 투명해졌습니다. 과거엔 부도덕한 일이 일어나도 쉽게 은폐할 수 있었지만, 이제는 다양한 플랫폼과 SNS의 발달로 쉽게 세상에 공개됩니다. 일부 권력자와 유명인들이 갑질을 하거나 꼼수를 부리는 추악한 모습이 언론에 노출되면서 대중의 심판을 받는 일도 종종 있습니다. 초연결 시대에는 일반인들도 큰 물의를 일으키면 바로 신상이 털립니다. 환경 문제, 공정과 정의 등 사회적 가치가 그저 액세서리가 아닌 시대로 접어들면서 사회의 감시망은 갈수록 그물망이 촘촘해지고 강화되고 있습니다.

우리는 지금 '인성'이 최고의 실력이자 능력이 되는 시대를 살고 있습니다. 바르지 않은 인성으로는 성공은커녕 아예 밥벌이와 생존조차 하기 힘든 세상으로 바뀌어 가고 있습니다. 하지만 여전히 인성교육을 그저 학교폭력 예방 교육, 금연 교육 같은 일탈 예방 차원의 일회성 교육으로 보는 사람들이 많습니다. 이것은 굉장히 구시대적 발상입니다. 이미 국가의 교육 목표도 바뀌어 인성교육은 그 자체로 아주 중요하게 자리 잡았습니다.

2015 개정 교육과정의 인재상이 '창의융합형' 인재라면, 2022 개정 교육과정의 인재상은 '혁신적 포용 능력을 갖춘 인재'로 인공지능과 디지털 소양, 민주시민 교육, 생태 전환 교육 등 인성적인 부분을 더 강화하고 있습니다.

인공지능과 빅데이터 기술이 발달한 시대, 사람의 지식과 능력이 대체로 비슷해지고 상향 평준화된 시대에서는 어떤 인품과 인성 그리고 개성을 가졌느냐가 로봇과는 다른 인간으로서의 존재 가치를 결정합니다. 앞으로는 인성이 더욱 중요한 시대이자 국가 경쟁력까지 좌지우지할 것입니다. 건강한 개인이 모여 건강한 사회를 이룰 수 있을 테니까요.

하지만 아직도 행복과 성공이 물질만능주의에 사로잡혀 인간성을 상실하는 시대에 눈앞의 변화를 좇아가기 바쁜 현실입니다. "산다는 게 다 그렇지."라며 대충 무시하며 살아갑니다. 자녀교육도 마찬가지입니다. "일단 대학이나 들어가고 보자." 이런 마음부터 드는 게 대다수 부모의 현실입니다.

어둠이 강할수록 빛은 더 빛나듯, 분명 빛처럼 밝고 환한 존재는 주변을 환하게 비춥니다. 다이아몬드 원석 같은 우리 아이들. 모든 아이는 원석처럼 자신만의 고유한 가치와 독특한 매력을 지니고 있습니다. 그러나 그 가치는 어떻게 인성을 훈련하고 다듬느냐에 따라 결정됩니다. 거친 다이아몬드 원석이 얼마큼 정교하게 세공되느냐에 따라 그 가치가 결정되듯 우리 아이들도 마찬가지입니다.

2020년대 이후 아이를 키우는 부모가 직면한 도전과제는 공부 잘하는 아이로 키우는 것이 아니라, '가장 인간다움을 소유한 아이'로 키우는 것이 아닐까요? 아이들을 둘러싼 환경을 보면 '인간력人間力'과 '살아갈 힘'을 제대로 갖춘 어른으로 키우는 것이야말로 최고의 교육이라는 생각이 듭니다.

지금까지는 공교육과 교사가 큰 변수였다면 코로나19로 인해 이제는 부모와 자녀의 관계가 어떠한지가 더 큰 변수가 될 듯합니다. 부모는 집에서 홈비즈니스를 하고 아이는 집에서 홈스쿨링을 하는 시대에 가정은 일터이자 곧 학교입니다.

아이들은 부모가 어떻게 세상을 살아가는지, 타인과 어떻게 관계를 맺고 밥벌이를 하는지 아주 생생하게 지켜볼 것입니다. 이런 시대에 지식은 인터넷과 여러 이러닝 시스템을 통해 충분히 제공해 줄 수 있지만 인간다움을 키우는 방법과 인성교육은 어떻게 해야 할지 막막할 수 있습니다. 이 책이 앞으로 펼쳐질 뉴노멀 시대에 진정한 가정교육의 가치인 '인성교육'의 방향 설정과 방법을 모색하는 데 큰 도움이 되었으면 합니다.

제가 다룬 모든 것이 정답일 수는 없습니다. 하지만 이 책을 통해 부모는 어떤 게 더 가치 있고 의미 있으며, 결국에는 우리를 행복과 만족으로 이끄는지 생각해 보는 계기가 되었으면 좋겠습니다. 포기하고 싶은 상황에서도 다시 한번 눈물을 머금으며 진심을 담아 사랑으로 아이를 키우는 이 세상 모든 부모님께 이 책이 큰 힘과 도움이 되기를 간절히 바랍니다.

정학경

차례

프롤로그 앞으로는 인성이 스펙이다 • 8

1장
보이지 않는 능력, 인성과 비인지 능력

위기의 아이들, 인성교육이 시급하다 • 23
내 아이가 보내는 위험 신호들 • 28
인성교육은 집에서 시작된다 • 34
인성이란 무엇인가 • 42
성공적인 삶으로 이끄는 비인지 능력 • 47
비인지 능력은 행복한 성공을 위한 열쇠다 • 51
비인지 능력은 학습되는 '실력'이다 • 55
인격은 그 사람의 운명이다 • 61

행복한 성공을 위한 인성 씨앗 1 **빅터 프랭클의 의미 부여** • 65

2장
어떤 어려움도 이겨내는 편안한 마음과 긍정성

마음이 평안해야 인생이 술술 풀린다 • 73
화목한 가정에서 인재가 나온다 • 77
잘 자란 아이들의 공통점 • 82
문제없는 가정은 없지만 • 89
적절한 타이밍, 진솔한 소통 • 93
행복한 인생은 부모로부터 시작된다 • 96
우리 집만의 지속 가능한 인성교육 • 100

행복한 성공을 위한 인성 씨앗 2 **버락 오바마의 밥상머리 교육** • 103

3장
성공적인 인생으로 이끄는 자기조절력

인생의 결정적인 순간을 좌우하는 자기조절력 • 109
열 살 이전에 자기조절력을 키워라 • 113
감정은 받아 주되 행동은 바로잡는다 • 118
비주얼 타이머를 활용해 자기조절력 키우기 • 122
우리 가족만의 규칙 정하기 • 125
아이는 부모를 보고 배운다 • 130
자기조절력을 위한 마음챙김 5단계 • 133
명문 학교가 1인 1운동을 하는 이유 • 137

행복한 성공을 위한 인성 씨앗 3 **벤저민 프랭클린의 자기성찰과 도덕성** • 141

4장
스스로 행복한 인생을 만드는 자기주도력

학습된 무기력에 빠진 아이들에게 필요한 것 • 147
'돈'이 '독'이 될 때 • 151
부모 통제력과 아이 주도력은 반비례 • 155
부모의 자존감이 주도력 있는 아이를 만든다 • 160
아이의 시간과 공간을 방해하지 않는 엄마 • 163
부모는 훌륭한 인성 교과서 • 167
자기긍정감으로 감정의 주인이 된다 • 170
스트레스 관리를 통한 행복 충전법 • 173

행복한 성공을 위한 인성 씨앗 4 **제인 구달의 인성 그릇** • 179

5장
옳고 그름을 분명히 아는 바른 가치관과 도덕성

아이들의 필수 명품, 자존감 • 187
아이의 동기와 의도를 읽는다 • 193
끊임없이 질문하게 하라 • 197
겉과 속이 다르지 않은 아이로 키우는 법 • 200
행복한 성공으로 이끄는 것 • 204

행복한 성공을 위한 인성 씨앗 5 **존 템플턴의 부의 목적** • 207

6장
풍요로운 인생을 위한 사회성과 목적의식

사회성을 둘러싼 오해 • 215
사회성의 기본은 분위기 파악과 공감 • 219
자녀의 친구 관계를 제한하지 않는다 • 222
소통 능력을 키워주는 방법 • 226
우리는 모두 연결되어 있다 • 230
많이 주는 아이가 결국 많이 누린다 • 234
질문으로 목적을 찾게 한다 • 239
사람이 희망이다 • 243

행복한 성공을 위한 인성 씨앗 6 **배상민의 이타주의** • 246

참고자료 • 251

잘못 배합된 콘크리트 벽돌이 대성당을 무너뜨리게 할 수도 있습니다.
마찬가지로 잘못 형성된 인성이 한 사람의 인생을 좌우합니다.
성공 앞에서 좌절시키기도 하고 최고의 위치에서 끌어내리기도 합니다.

1장

보이지 않는 능력, 인성과 비인지 능력

자식을 기르는 부모야말로

미래를 돌보는 사람이라는 것을

가슴속 깊이 새겨야 한다.

자식들이 조금씩 나아짐으로써

인류는 그리고 이 세계의 미래는

조금씩 진보하기 때문이다.

임마누엘 칸트 Immanuel Kant, **독일의 철학자**

위기의 아이들,
인성교육이 시급하다

2021년, 전 세계는 코로나19 팬데믹으로 지금껏 한 번도 경험해 보지 못하고 생각지도 못한 신세계를 경험하고 있습니다. 평소 너무나도 당연했던 것들이 이제는 큰 노력을 들여야 얻을 수 있는 소중한 것으로 바뀌었고, 우리 사회를 구성한 수많은 인프라에 대해서도 근본적인 고민이 필요해졌습니다.

이 중엔 학교와 공교육 시스템도 빠지지 않습니다. 사람들은 이제 대놓고 말합니다. 가장 느리게 변하는 곳이 학교인데, 거기서 무슨 미래를 대비하는 인재를 키우고 제대로 된 지식을 배울 수 있느냐고 말입니다. 학교에 가는 이유는 기본적인 성실함과 단체 생활 속에서 사회성을 기르는 그 이상 그 이하도 아니라고 합니다.

그런데 코로나로 인해 학교는 이마저도 쓸모를 찾기가 어려운 곳이 되어가고 있습니다. 더군다나 맞벌이로 아이들의 온라인 수업에 신경을 쓸 여력이 없는 가정은 부모가 일터에 나가고 나면 어쩔 수 없이 아이들은 방치됩니다. 부모님이 옆에 있어도 아이들이 안쓰러운 건 마찬가지입니다. 아이들은 하루 종일 방 안에서 컴퓨터나 스마트폰을 친구 삼아 시간을 보냅니다.

신종 코로나블루의 영향 탓인가요? 끊임없이 자극적인 뉴스가 매순간 터져 나옵니다. 사회적 반감이 일면식도 없는 사람에게 표출된 사건이나, 이기적 행동으로 타인에게 고통을 가한 범죄는 '인간이 어떻게 저럴 수 있지?'라는 인간에 대한 회의를 불러옵니다.

이런 사건 사고들을 보며 내 아이가 앞으로 살아갈 세상이 암울하게 느껴지기도 합니다. 빠르게 변해가는 예측불허의 시대, 또 '괴물'이라고 손가락질 받는 위기의 인간이 넘쳐나는 시대에 우리는 아이들을 어떻게 키워야 할까요?

한류 그중에서도 K-POP의 위상은 대단합니다. K-POP을 이끄는 자랑스러운 기획사가 많은데 그중 대표적인 곳으로 YG와 JYP가 있습니다. 오래전 두 기획사의 대표가 인터뷰한 내용을 본 적이 있습니다.

"박진영 씨는 착한 사람을 가장 중요시한다지만 저는 반대입니다. 우선순위를 두자면 재능 있는 사람, 열심히 하는 사람, 착한 사람 순입니다. 20

년간 제작자로 일하다 보니 병아리 암수를 척척 구분해 내는 '병아리 감별사'처럼 대중보다 빠르게 스타를 판단하는 눈이 생긴 듯합니다."

- YG 양현석

"저는 노래를 아무리 잘하고 춤을 아무리 잘 춰도 밝고 맑고 강하지 않으면 제작을 못 하겠어요. 그런 친구들의 꿈을 왜 굳이 이루어 줘야 하는지 모르겠어요. 돈을 버는 것도 중요하지만 전 그 과정이 행복한 게 좋아요. 실력과 인성 둘 중 하나가 부족하면 최대한 공존하게끔 도와주는데 제 꿈은 둘 다 갖춘 친구들을 보는 것이죠."

- JYP 박진영

처음 이들의 인터뷰를 봤을 땐 '각 소속사의 대표마다 추구하는 가치와 스타일이 참 다르고 각자 개성이 있구나.'라고만 생각했습니다. 그런데 YG가 소속 아티스트들의 도덕적 해이로 여러 논란과 위기를 겪는 것을 보며 다시 생각하게 되었습니다. 어떤 분야에서든지 성공한 '인재'에게 가장 중요하고 필수적인 스펙이 이제는 건강하고 '바른 인성'이라는 것을 느낍니다.

요즘 같은 실시간 초연결 세상에서는 아무리 성공하고 잘 나가는 사람이라도 갑질을 하고 과거에 의도적으로 남의 인생에 피해를 주었다면 나중에 대가를 치르는 일이 많아졌습니다. 기업의 대표나 CEO가 불미스러운 사건으로 회사를 망하기 직전까지 끌고 가기도 합니다. 그래서 이제는 한 회사에 주식투자를 할 때도 그 회사대표의 인성까지 살피기도 합니다. 유명한 연예인의 인성 논란은 드라마와 영화, 광고까지 하차하게 만듭니다. 오디션 프로그램만 보더라도 상위권에 올라간 후보자들의 과거 인성이 결정적 순간에 발목을 붙잡습니다. 비단 유명인이 아니더라도 과거에 학교폭력에 연루되거나 갑질을 했다거나 빚을 갚지 않으면 바로 알려져 비난을 받고 일자리까지 끊기는 시대가 되었습니다.

요즘 아이들은 돈도 많이 벌고 인기도 많은 연예인이나 인플루언서, 크리에이터 같은 직업군을 많이 동경합니다. 그런 아이들을 만날 때마다 저는 진심을 담아 이런 말을 꼭 합니다.

"그래. 네가 사람들에게 선한 영향력을 행사하는 사람이 되면 좋겠다. 친구를 무시하는 말도, 욕으로 친구에게 상처 주는 일도 하지 않는 사람 말이야. 장난스레 한 말도 누군가에겐 아픔을 줄 수 있잖아? 말실수는 돌이킬 수 없고. 그 의미를 아는 네가 세상에 전하는 메시지는 분명 다를 거야."

그러면 아이들은 웃다가도 뭔가 생각하듯 사뭇 진지해집니다. 눈빛은 벌써 연예인이라도 된 것처럼 옷매무시도 단정히 하고 조금은 진지하게 자신을 들여다봅니다. 이런 충고와 조언이 아이들에게 은근히 잘 통합니다. 아직은 당장 눈앞에 벌어지는 것들만 생각하는 청소년기에 자신이 한 행동이 먼 훗날 본인에게 영향을 끼친다는 생각을 하는 것이지요. 모든 사람은 성장 과정을 겪으며 어른이 되어 갑니다.

웅장한 대성당도 지금은 대성당의 모습으로 서 있지만 그 건물을 이루고 있는 건 한 장 한 장의 벽돌입니다. 마찬가지로 하루의 역사가 쌓여 완성형 인간으로 되어갑니다. 신체의 성장에 맞춰 인격을 쌓아가며 한 사람의 인격체를 형성합니다. 그 인격의 바탕에 '인성'이 있습니다.

잘못 배합된 콘크리트 벽돌이 대성당을 무너뜨리게 할 수도 있습니다. 마찬가지로 잘못 형성된 인성이 한 사람의 인생을 좌우합니다. 성공 앞에서 좌절시키기도 하고 최고의 위치에서 끌어내리기도 합니다. 아예 참다운 어른으로의 성장을 가로막기도 하지요.

사회적 상황과 시대가 불안정한 오늘을 사는 아이들입니다. 위기의 상황에서도 꽃피울 수 있는 아이들로 성장하기 위해 인성의 따뜻한 기운이 필요합니다. 성장하는 과정에서 흔들림 없이 자신을 지탱할 동력을 심어주세요.

내 아이가 보내는 위험 신호들

영국 런던 대학에서 초등학생과 10대 청소년을 대상으로 인지 능력에 관한 연구를 진행한 적이 있습니다. 2006년의 아이들이 7년 전인 1999년 아이들과 비교했을 때 인지 능력이 더 낮다는 연구 결과가 나왔습니다. 그리고 한 원인으로 지목된 것은 정크푸드, 과도한 학업 경쟁, TV, 인터넷게임, 작은 어른을 만들어내는 마케팅 등이었습니다.

14년이 지난 지금은 어떨까요? 더 강력한 악당이 등장했습니다. 바로 스마트폰입니다. 우리 아이들은 이미 정크푸드와 편의점에서 파는 맛있고 간편한 인스턴트 식품에 길들여졌고, 유튜브의 자극적인 '먹방'에 끊임없이 심취합니다. 알고리즘이라는 무서운 늪에 빠지면 헤어나올 수 없는 지경이 되지요. 또 학교와 학원 외에는 스마트폰과 컴퓨터 게임을 하면서 대부분의 시간을 보내는 탓에 사람 간의 교감과 소통 횟수가 줄어들고 있습니다. 또한 미디어에 보여지는 연예인들과 SNS에 만연한 외모지상주의의 영향으로 여학생들은 이른 나이부터 다이어트와 화장, 성형에 관심을 보입니다. 남학생들도 어른흉내를 낸다며 술과 담배, 포르노와 같은 자극적인 영상을 일찍이 접합니다.

이런 시대에 우리 아이들은 구체적으로 어떤 위험 신호를 보내고 있을까요? 다음은 부모가 일상에서 만나는 내 아이의 위험 신호입니다.

- 스마트폰을 보거나 TV와 게임만 하는 등 수동적인 일 외에는 흥미가 없고 무기력하다.
- 무슨 과목이든 숙제하는 것을 싫어하고 교묘한 핑계를 대면서 미루고 거짓말을 한다.
- 실수를 두려워하고 어떤 문제가 발생하거나 예측하지 못한 변수가 생기면 어쩔 줄 몰라 하고 짜증 내거나 크게 실망한다. 더 나아가 무슨 일이 생기는 것 자체를 바라지 않는다.
- 자신의 생각을 말로 표현하는 것을 힘들어한다.
- "망했어. 짜증 나." 같은 매사에 부정적인 말과 욕설과 혐오적인 표현을 많이 쓴다.
- 과도하고 불필요한 해석과 부정적인 생각을 많이 한다.

- 작은 어려움에도 바로 포기하려고 한다.

- 결과가 좋지 않으면 바로 중단한다.

- 스스로 생각하려고 하지 않는다.

- '네, 아니요'라는 말 외에 질문하지 않는다.

- 성적이나 학교생활로 스트레스를 받는다.

아이들을 둘러싼 환경을 보면, 정상적이고 건강한 인간으로서 살아갈 힘을 제대로 갖춘 사람으로만 키워 내도 참 감지덕지겠구나 하는 생각이 정말 많이 듭니다. 요즘은 좋은 대학에 보내고 성공시키는 건 둘째 치고, 그저 인간답게 키워 내는 것, 즉, 온전한 인간으로 제대로 키워 내는 것 자체가 위대한 도전이 되었습니다.

우리 아이들이 자라면서 마주칠 위험과 장애물은 정말 많습니다. 스마트폰, SNS, 게임, 음란물, 흡연, 음주 등, 하지만 이런 상황 속에서 부모가 일일이 일상을 함께하며 아이들을 온실 속 화초처럼 키울 수는 없습니다. 오히려 이런 오염과 장애물로부터 아이들 스스로가 자신에게 도움이 되도록 방향을 잡아 나가야 하는 것입니다. 하지만 한창 호기심이 넘치는 아이들은 이런 자극적인 환경을 절제할 자제력이 부족합니다. 부모님의 통제가 가능한 아동기를 지나 청소년기에 접어들면 이 상황은 극대화되지요.

보호자인 부모와 잦은 갈등을 불러오는 것도 이러한 요인 때문입니다. 부모는 정서적으로 자녀에게 악영향을 끼치는 영상물이나 나쁜 요소들을 아이 스스로 통제하기를 원하고 요구합니다. 휴대전화를 뺏는 등 강압적인 방법을 사용하기도 합니다. 그럴수록 아이들 저항의 강도는 커지고 갈등의 폭은 깊어지지요. 하지만 이를 아이들 탓으로 돌릴 수는 없습니다. 개인의 문제가 아니라 성장기를 겪는 과정, 발달단계를 이루는 정상적인 과정이기 때문입니다. 이를 알고 현명하게 대처하는 방법을 사용해야 합니다.

인성은 여기서 힘을 발휘합니다. 그렇다고 갑자기 인성 카드를 꺼낸다고 해서 단번에 효력을 발휘하지는 못합니다. 생활과 교육으로 체내에 녹아들고 바른 사고와 판단에 길들여져야 인성의 위대한 영향력이 나타납니다.

인성은 일방적인 훈육이나 가르침으로 흡수되는 것이 아닙니다. 아이들은 자신이 보고 듣고 경험한 상황들로 자기 인성을 키워갑니다. 가정 안에서의 대화나 생활 모습, 여행이나 독서가 인성의 양분으로 작용하는 것이지요. 교우 관계나 사회적 관계가 커나감에 따라 자기 역할을 해내면서 바른 가치관을 형성해 나갈 때 아이의 인성이 함께 자라는 것입니다.

다시 말하면 유아기부터 아동기까지 아이의 환경과 교육이 개인의 인성이 자라는 데 필요한 토양을 제공합니다. 척박한 땅에서 풍성한 열매를 기대하기 어렵듯 메마른 인성의 부모에게서 훌륭한 인성을 품은 아이가 커나가기는 어렵습니다.

유년기의 아이를 둔 부모는 자신의 부정적인 생각이 아이에게 고스란히 전달됨을 기억해야 합니다. 아이 앞에서 말 한마디 행동 하나도 조심을 기울여야 하는 이유입니다. 아이가 청소년기에 들어섰다면 열린 마인드로 자녀와 대화해 볼 것을 권장합니다. 열 마디 잔소리로 교육하는 것보다 백만 배 나은 효과를 거둘 수 있습니다. 어른인 부모의 가치관을 강요하라는 말이 아닙니다.

현재 10대를 보내고 있는 아이들과 같은 눈높이에서 문제를 바라보고 그들의 시각에 맞춰야 합니다. 아이들도 어떤 행동이 나쁘고 옳지 않다는 판단력을 가지고 있습니다. 반드시 아이의 결정 능력을 믿어줘야 합니다. 옳은 결정을 내렸음에도 자기 의지대로 행동이 따라주지 않는 시기가 바로 청소년기입니다. 그래서 자신에 대해 고민하고 짜증을 내고 반감을 가지게 되는 것이지요. 이를 부정적으로만 바라보지 마십시오. 성장하고 있다는 증거입니다.

인생을 살아가려면 어떤 일이든 긍정적으로 받아들이는 '낙천성'과 무슨 일이 벌어져도 다시 일어나는 '회복력'이 필요합니다. 회복력은 응원과 지지를 받을 때 얻어지는 결과물입니다. 아이들이 위험 신호를 보낼 때 당황하지 말고 자신을 믿을 수 있도록 용기를 건네 보세요.

- 스마트폰에서 가장 많이 보는 것은 뭐니?

- 숙제하기 싫구나. 그럴 때도 있지. 잠깐 쉬어.
- 지난번 내 실수 때 이해해 줘서 고마웠어. 네 실수에 나도 이해할 준비가 되어 있어. 그러니 실수할까 두려워하지 마.
- 네가 말해 줄 때까지 기다릴게.
- 네가 바라는 결과가 아니라 짜증이 났구나.

아이의 이야기를 묵묵히 들어주는 것도 좋은 방법이 될 수 있습니다. 성급하게 아이 문제를 진단하고 문제시하지 마세요. 정말 큰 문제가 됩니다. 차라리 관심을 보여 주세요.

인성교육은 집에서 시작된다

인성교육이 중요하다는 것은 누구나 공감하면서도 왜 막상 현실에서 실천하기는 힘든 걸까요? 일단 '인성人性'이라는 단어가 너무 모호하고 어렵습니다. 대부분은 인성을 그저 '착하게 사는 것'이라고만 생각합니다. '착하게 산다'는 건 또 무슨 의미일까요? 착하게 산다는 기준 또한 저마다 다릅니다. 착하다는 의미의 폭도 매우 넓지요. 그래서 인성은 착하다는 의미로만 해석될 수 없습니다.

사전적으로 인성교육은 인간이 인간답게 살아가도록 기본을 가르치는 것을 뜻합니다. 누군가는 '인성교육' 하면 그저 태도와 예절을 떠올립니다. 그러나 인성교육은 예절교육이 아닙니다. 아이가 인사를 하지 않았을 때 인사하라고 가르치는 것은 인성교육이 아니고 예절교육이죠. 예절은 시대적으로 상황적으로 변하는 것으로 절대적인 게 아닙니다.

겉으로는 예의 바른 태도를 보이지만, 속은 야누스처럼 엉망인 사람도 종종 있습니다. 누구를 도와줄 때 겉으로 보이는 모습을 의식해서 하는 것과 진심으로 연민을 느껴서 하는 것은 다릅니다. 그러나 예절 또한 인성에 포함되는 것은 맞습니다. 인성이 바른 사람은 상대를 배려하고 예의를 잘 지키니까요.

2014년 대한민국에서는 세계 최초로 인성교육을 의무로 규정하는 '인성교육진흥법'을 국회에서 통과시켰습니다. 이후 2015년부터 인성교육은 대한민국에서 공식적으로 중요하게 자리 잡았습니다.

하지만 인성교육진흥법에서 강조하는 인성 덕목을 살펴보면 뭔가 아쉽습니다. '예, 효, 정직, 책임, 존중, 배려, 소통, 협동' 여덟 가지인데 뭔가 유교적이면서 윤리 시간에 이론으로 접할 어려운 개념 같습니다. 형식적 교육이라는 인상을 주지요. 고리타분한 관념 단어의 나열처럼 보입니다. 실제 생활에 적용할 수 있게 구체적이지도 않습니다. 그저 착하게 살라는 의무로만 보여 답답하기까지 합니다.

이처럼 인성을 윤리적·도덕적 측면으로만 한정해서 보면 불완전합니다. 정서적이고 심리적인 측면까지 봐야 온전하게 전달되어 내면에서 진정으로 우러난, 자율적·자발적으로 스스로 선택해서 할 수 있습니다. 또 다른 강요와 억압은 부작용을 낳을 수 있으니까요.

아이가 스스로 자신의 인생을 마음껏 행복하게 펼치고 사회에 보탬이 되려면 '살아가는 힘'을 제대로 길러 줘야 합니다. 무엇보다 우리 아이들이 앞으로 살아갈 세상은 어떤 게 문제인지 발견하고 정답 없는 문제를 자기 힘으로 해결해 가는 능력이 꼭 필요합니다. 그러려면 '자기주도력, 자기조절력, 회복탄력성, 유연성, 창의성, 공감력, 사회성' 등을 두루 갖추어야 합니다.

이러한 역량을 '인성'이라는 개념에 포함할 수도 있겠지만, 인지 능력과 반대되는 개념인 '비인지 능력'이라고 부를 수 있습니다. 확실한 건 눈에 보이지는 않지만 정말 중요한 인간의 능력이란 겁니다. 그래서 저는 이 책에서 구체적으로 '인성'과 함께 '비인지 능력'이라는 용어를 함께 쓰고 그 부분을 다루고자 합니다.

강의와 컨설팅에서 학부모님들에게 어떤 자녀로 키우고 싶냐고 물어보면 처음에는 모두 다 이런 말을 합니다.

"건강이 제일 중요하죠."

"인간이 먼저 되어야죠. 인성교육이 제일 중요한 거 같아요."

하지만 더 깊이 오래 대화하다 보면 이런 답이 나옵니다.

"그래도 먹고 살려면 돈도 많이 벌어야 하니까 일단은 좋은 직업을 가져야죠."

"아무래도 공부를 잘해야죠. 공부를 잘해야 좋은 직업, 좋은 배우자 다 누리며 행복하게 사는 거 아니겠어요?"

이 세상 모든 부모는 첫 번째로는 자녀의 건강이 가장 중요하다고 합니다. 이 건강에는 당연히 신체뿐만 아니라 정신과 마음도 포함되는 것이겠죠. 즉, 공부보다 '건강한 몸과 인성'이 중요하다고 여깁니다. 그런데 조금만 더 들어가면 이것저것 바라는 게 점점 많아집니다. 무엇보다 제대로 된 일자리를 구하고 내 집 한 채 마련하는 것이 어려워진 시대에 공부라도 해야 할 것 같습니다. 개천에서 용 나오는 것은 바라지도 않습니다. 그저 개천보다 더 못한 하수구와 늪지대라도 빠지지 않게 하려면 악착같이 공부를 시켜야 할 것 같습니다. 여기서 우리는 심각한 의문이 생깁니다.

"그렇게 중요하다는 인성이 왜 공부보다 밀려나는 걸까요?"

첫째, '내 아이는 괜찮을 거야.'라고 생각합니다.

부모가 충분히 사랑해 주니 인성은 당연히 괜찮다고 여깁니다. 아이를 학원에 등하원시키는 정성, 좋은 먹거리를 챙겨먹이고 예쁜 옷을 입히는 것 모두 사랑입니다. 당신 자신은 적게 먹고 대충 입어도 아이는 평소 지극정성으로 키웠기에 아이의 인성과 비인지 능력은 괜찮을 거라고 생각합니다. '내 아이는 괜찮겠지.' 혹은 '내 아이만 괜찮으면 돼.'라는 생각이 큽니다.

뉴스의 사건 사고에 등장하는 아이들 이야기는 딴 세상 이야기고, 내 아이만 괜찮으면 사실 크게 상관없습니다. 솔직히 "세상이 참

말세다." 하고 혀만 찰 뿐 딱히 나와 우리 아이가 할 수 있는 일도 없다고 생각합니다. 그런데 자세히 살펴보면 이 모든 것들이 내 아이를 둘러싼 환경이고 내 아이가 살아갈 세상인데 말이죠.

인성교육의 중요성은 알지만 어떻게 해야 할지 모르기도 하고 또 알면서도 당장 눈앞에 닥친 시험과 그 결과에 전전긍긍합니다. 이런 부분이 아이 인생에 끼칠 영향이 더 크게 다가오기 때문이지요. 그래서 남의 아이 잘못에 힐난과 조소를 던지면서도 자신의 아이가 그 상황에 놓인다고 생각하지 못하는 것입니다. 아니면 그런 생각 자체를 거부합니다.

우리가 여기서 깊이 들여야 보아야 할 점은 바로 이렇게 편협한 시선으로 아이를 보고 있다면 절대 아이 인성에 금이 간 자국을 볼 수 없다는 것입니다. 아이를 잘못 키우고 싶은 부모는 없습니다. 그러나 이런 사건과 사고가 일어나는 중심에 '인성'의 문제가 있음을 직면해야 합니다. 그 심각성까지 말입니다.

둘째, 인성교육과 비인지 능력을 키우는 교육은 결과가 눈에 바로 보이지 않기 때문입니다.

인지적인 영역과 학습은 비싼 학원 보내고 과외를 시키는 등 투자하면 결과가 눈에 보입니다. 시험 점수처럼 수치화되어 확인이 바로 가능하고 당장 좋은 고등학교와 명문대에 합격하느냐 불합격하느냐로 결과가 나옵니다. 치열한 경쟁 중심 사회에서 교육받고 사회생활을 한 부모들은 지금껏 자신들이 받아 온 교육과 사회 분위기 속에서 시험 점수가 오르는 것처럼 교육의 효과를 눈으로 확인해야만 확신이 들고 비로소 안심합니다.

눈에 구체적으로 보이지 않는 인성과 비인지 영역은 먹고사는 문제만으로도 버거운 부모가 일일이 챙겨 주기 어려운 부분입니다. 그러나 인성교육은 결코 포기해서는 안 되는 영역이고, 꼭 부모가 신경 써야 하는 교육입니다. 아이가 처음 만나고 가장 많이 접하는 인생의 선생님이 바로 부모이기 때문입니다.

그런데도 현실은 이와 반대입니다. 부모는 인성교육을 학교에서 제대로 해 주길 바랍니다. 학습과 입시 관련 부분은 사교육에 의존하는 경우가 많고 때로는 부모가 적극적으로 나서서 도와줍니다. 요즘은 워낙 부모들도 고학력에 육아와 교육 입시 정보가 곳곳에서 넘쳐나 홈스쿨링에 활용합니다. '엄마표 영어교육' 등 오히려 내 아이의 공부와 학습은 학교보다 더 잘해 줄 수 있으니 차라리 학교에서는 인성과 사회성을 잘 챙겨 주길 바라는 부모들도 많습니다.

하지만 이것은 정말 위험한 발상입니다. 지식과 학습적인 영역 그리고 인성과 내면적인 영역은 결코 이분법적으로 나눠질 수 없고 서로 밀접한 연관이 되어 있습니다. 인성이야말로 학교가 책임지는 것이 아니라 가정에서 더 적극적으로 돌봐주고 챙겨줘야 하는 영역입니다. 부모의 생각, 마음, 말투, 삶의 행동 패턴이 지속해서 오랫동안 영향을 끼치기 때문입니다.

“자식은 부모의 등을 보고 배운다.”라는 말이 있습니다. 부모의 말이 아니라, 부모의 삶이나 행동을 보고 배운다는 것이지요. 인성은 “착하게 살아.” 하고 말 한마디로 끝나는 것이 아니라, 함께 느끼고 함께 실천해야 합니다. 그래서 결국 인성은 ‘생활’ 곧 ‘삶’이라고 할 수 있습니다.

이 시작엔 가정이 있습니다. 내 자식을 가장 사랑하는 부모만이 하나하나 인내심을 가지고 가르쳐 줄 수 있습니다. 무엇보다 학원 등의 사교육 기관은 이용할 대상이지 아이의 교육을 온전히 맡길 곳이 아닙니다. 공교육인 학교도 마찬가지입니다. 학교도 아이를 온전히 믿고 맡기는 곳이 아닙니다. 내 아이가 대학을 넘어 미래 시대에 적응할 수 있는 능력을 기르기 위해서는 넋 놓고 국가만 바라보지 말고 가정이 함께 노력해야 합니다. 물론 이는 말처럼 쉽지 않습니다.

제가 만났던 내면이 건강하면서도 자기주도력이 있고 학업 성취도도 높았던 아이들은 성격도 다르고 배경도 달랐지만, 신기하게도 그 부모님들에게 공통점이 있었습니다. 바로 인성교육을 철저하게 실천했고 오히려 학습과 공부는 관대하고 여유 있게 했다는 점입니다.

높은 건물일수록, 중요한 건물일수록 기초공사를 오랫동안 공들여서 합니다. 지반부터 깊이 견고하고 튼튼하게 해야 지진에도 견딜 수 있으니까요. 우리는 살면서 기초와 기본이 중요한 것을 정말 많이 실감합니다.

아이가 공부도 잘하고 외모도 준수한데 마구 짜증을 내고 폭력적이거나 우울해하고 불안해하면 어떨까요. 때로는 거짓말을 자주 하고 친구 관계도 어려워한다면 어떨까요. 겉으로는 휘황찬란하게 멋져 보이지만 속은 모래 위에 지은 건물처럼 기초가 튼튼하지 못하고 온전치 못한 위험한 모습입니다. 이런 건물은 언젠가는 서서히 주저앉고 붕괴될 것입니다.

인성이란 무엇인가

한국교육개발원KEDI 교육정책포럼에서는 인성을 '감성, 도덕성, 사회성' 3차원으로 제시합니다. 이 세 영역을 다시 여섯 개의 역량으로 나눕니다. '자기 인식, 자기관리 능력, 핵심 가치 인식, 책임 있는 의사결정, 사회적 인식, 대인관계'입니다. 이 여섯 가지 역량을 구체적인 덕목(가치)으로 이름을 붙였는데 '긍정, 자율, 정직, 책임, 공감, 소통'입니다. 각 차원의 인성과 역량 그리고 덕목은 모두 유기적으로 연결되어 있습니다.

첫 번째는 '감성 : 자기 인식, 자기관리 능력 _긍정, 자율'입니다.

전 세대를 통틀어 발견한 공통점이 한 가지 있습니다. 우리는 모두 '자기 자신'이고 싶어 합니다. 누구도 아닌 바로 '나'로서 어떤 압박에서도 자유롭게 자기다운 모습으로 세상을 누리고 가장 최고 버전의 나로 사는 것은 이제 모든 세대 모든 사람의 최우선 근본 과제가 되었습니다. 그래서 자기를 인식하며 자신을 관리할 수 있는 능력이야말로 인성에서 가장 우선이 되는 기본입니다.

자기 존재를 긍정하고 이해하며 자율의 가치를 실현하는 것을 목적으로 가정에서 인성교육이 시작되어야 합니다. 내가 누구이며 나는 무엇을 잘하고 좋아하는지 스스로 긍정적인 정체성을 기반으로 자신의 인생 대본을 써나가기 위해서는 무엇보다 평안한 마음과 감성이 잘 발달해야 합니다. 그래야 건강한 자존감으로 남이 시켜서가 아닌 자율적으로 목표를 수행하고 그 과정에서 자신의 감정과 마음을 잘 돌보며 진정한 성취와 행복을 맛보는 삶을 살아갈 수 있습니다.

복잡한 미래 사회를 살아가기 위해서는 행복의 기준을 어디에 둘 것인지 스스로 정해야 합니다. 평균수명이 길어진 만큼 어디에서 어떤 일을 할지, 무엇을 즐기고 누릴 것인지, 어떤 문화를 가진 사람과 어울리고 만날 것인지, 얼마나 벌 것인지, 공동체를 위해서 지역사회를 위해서 자원봉사나 기부는 얼마큼 어떤 분야에 할 것인지 등 선택과 결정하는 능력이 행복을 좌우합니다.

자신이 추구하는 가치를 실현하는 과정에서 긍정과 자율의 힘이 발휘됩니다. 자기 삶에 만족을 느끼고 영위하기 위한 자기를 관리하는 것입니다.

두 번째는 '도덕성: 핵심 가치 인식, 책임 있는 의사결정 _정직, 책임'입니다.

나다움을 기반으로 타인을 존중하고 타인과 함께 공존하는 방향으로 성장하는 것입니다. 도덕성이 발달한 아이는 상대방과의 관계를 위해 서로 간의 핵심 가치 및 윤리를 인식하고 무엇이 합리적이고 옳고 유익한지 의사결정 능력을 제대로 갖추고 있습니다. 다른 사람의 기준에 맞추거나 쫓기듯이 결정하는 것이 아니라 자신에게도 진실하고 떳떳하면서 타인에게도 정직한 선택으로 책임지는 행동을 하는 것입니다.

감성 차원이 잘 형성되었다면 건강한 자존감으로 남이 시켜서가 아닌 자율적으로 목표를 수행하고 그 과정에서 자신의 감정과 마음을 잘 돌보며 기분대로 본능대로 살지 않습니다.

내가 소중하듯 타인도 소중하고 내 물건이 소중하듯 타인의 물건도 소중하고 내가 행복을 추구할 권리가 있듯이 타인도 행복을 추구할 권리가 있다고 진정으로 공감합니다.

이것이 바로 도덕성 차원의 인성입니다. 그래서 사실 도덕성 차원의 인성에는 정직, 정의, 책임, 준법처럼 우리가 세상을 살면서 옳다고 추구하는 삶의 덕목이 많습니다. 더불어 사는 사회의 질서가 유지되는 비결이기도 하지요.

세 번째 차원은 '사회성: 사회적 인식, 대인관계 _공감, 소통'입니다.

사회를 좁은 의미로 바꾸면 집단, 단체, 조직, 모임 등으로 표현할 수 있습니다. 아이들에게는 학교의 또래 집단이 사회에 해당합니다. 어느 집단이든 공동의 방향과 목적이 있고 그걸 잘 유지하기 위해 개인은 알게 모르게 일정한 역할을 맡습니다. 이 과정에서 우리는 '사회성'을 평가받습니다. 누군가가 사회성이 좋다는 인정을 받고 있다면 그 집단에서 존재감이 있고 그 집단이 요구하는 역할에 탁월함을 보여 그 집단에 도움이 되는 사람일 것입니다.

최소 둘 이상의 더 큰 공동체와 사회를 인식하고 더욱 넓은 대인관계 능력과 리더십을 키워 공감과 소통을 이뤄내는 인성이 세 번째 영역입니다. 그래서 사회성 역시 공감과 소통 이외에 배려, 나눔, 협력, 리더십 등의 덕목이 포함됩니다.

사실 아이들은 학년이 올라갈수록 점점 사회성이 스스로 중요하게 와 닿습니다. 활동 범위가 넓어지고 점점 만나는 사람의 수도 많아지기 때문입니다. 그래서 다양한 주변의 친구들을 만나 이해하고 부대끼며 소통하는 능력이 초등학교 시절부터 꼭 형성될 수 있도록 기회를 주세요. 대부분 부모는 자녀가 좋은 친구를 만나 좋은 영향을 주고받길 바랍니다. 내가 아닌 타자와 부대끼면서 배우는 사회성이야말로 정말 이론이 아니라 온몸으로, 감각으로 성장하면서 체화해 나가는 전인격적인 과정입니다. 더 나아가 '의미'와 '목적' 등 사회에 좀 더 도움이 되는 인성으로 확장해 나가면 좋겠지요.

자기만을 위해 주변과 타인을 돌아볼 기회를 얻지 못하는 아이는 결국 인성이라는 힘이자 무기를 제대로 사용할 기회를 얻기 어렵습니다. 따라서 기부나 봉사활동을 비롯해 여러 지역사회와 연계된 활동, 실제 다양한 사회를 경험할 수 있는 인성교육을 받을 수 있도록 부모가 기회를 주세요.

이 책은 '감성-도덕성-사회성', 이 세 차원을 부모가 생각해 보고 적용해 볼 수 있도록 순서대로 구성되어 있습니다. 이 모든 게 어려울 수도 있습니다. 그러나 국어, 영어, 수학 과목 교육의 절반만이라도 인성교육의 중요성을 부모가 먼저 인식하고, 아이의 내면부터 헤아려 준다면 우리 아이들은 지금보다 더 나은 사람이 될 것이라 확신합니다.

성공적인 삶으로 이끄는 비인지 능력

“한국의 학부모들은 방과 후 교육에 수천 달러를 쓰기도 한다. 하지만 한국이 국제 테스트에서 높은 성적을 거두면서 치르는 현실적 대가는 이보다 훨씬 값비싸다. 현재 OECD 국가를 통틀어 한국의 자살률이 가장 높다.”

TED에서 최고 조회 수를 기록한 〈학교가 창의력을 죽인다〉에서 명강연을 펼친 켄 로빈슨Ken Robinson은 저서 『학교혁명』에서 우리 교육의 현실을 이렇게 진단합니다.

한국은 지난 2016년 OECD가 발표한 ‘학생웰빙보고서’에서 처참한 성적을 거둔 바 있습니다. 전 세계 15세 학생 54만 명을 대상으로 삶의 만족도를 조사한 결과, 우리나라가 OECD 국가를 포함한

총 48개국 가운데 47위를 기록했습니다. 이 통계뿐만 아니라 뉴스를 보면 우리나라 아이들이 참 많이 아픈 것을 알 수 있습니다.

사실 우리는 이런 객관적 통계가 아니어도 이미 잘 알고 있습니다. 자살률, 우울증, 학교폭력 등이 이미 굉장히 높다는 것을요. 심지어 요즘은 10~20대 화병환자도 늘고 있다고 합니다. 삶이 만족스럽지 않은 아이들의 인생은 과연 건강할까요? 그리고 아픈 아이들에게 과연 미래가 행복하게 다가올까요?

입시 위주의 주입식 교육의 폐해는 이미 모두가 알고 있습니다. 그런데도 "모든 건 다 네 위주로 맞춰 줄 테니 공부만 잘해다오."라며 자녀를 상전 모시듯 합니다. 극한 경쟁 속에서 입시만을 목표로 한 부모 주도의 지극히 수동적인 교육은 그저 문제 잘 푸는 아이들만 양산했습니다. 대학 입시 위주의 지식을 습득하려고 12년을 고생하는 것이지요.

그러는 동안 아이들의 정신과 정서는 많이 피폐해졌습니다. 오늘 내가 하는 일을 내일은 인공지능이 대신할지도 모르는데 시험에 나오는 단순 지식만 달달 외운 아이가 과연 이런 시대 변화에 대응해 살아갈 수 있을까요? 이제 우리 아이들은 '사다리' 타고 올라가야 하는 세상이 아닌 '정글짐' 같은 세상을 살아나가야 하는데 말이죠.

사실 부모들은 답을 알고 있습니다. 달라진 세상에 교육이 어떻게 바뀌어야 하는지를. 시대가 바뀌었습니다. 세상은 인성 즉, 비인지 능력을 갖춘 인재를 원합니다.

미국 시카고 대학의 헤크먼Heckman 교수는 IQ나 시험 점수 같은 측정할 수 있는 인지 능력보다는 참을성, 끈기, 주의력 같은 눈에 보이지 않는 비인지 능력non-cognitive skill이 삶에 더욱 큰 영향을 미친다고 합니다. 그는 사람을 성공적인 삶으로 이끄는 중요한 요소가 무엇인지 연구했습니다. 성공적인 삶의 척도로 임금수준, 교육 정도, 건강, 안정적 가정생활 등을 들었습니다. 그 결과 인지 능력보다 자존감, 자기효능감, 정서적 안정 등 비인지 능력이 높을수록 성공적인 삶을 사는 것으로 나타났습니다. 하지만 안타깝게도 우리는 아이들의 인지 능력을 높이는 데 모든 것을 집중하고 있습니다.

하버드 의대의 심리학자인 스티븐 버글래스Steven Berglas는 탁월한 재능과 실력으로 성공했지만, 갑자기 추락하는 사람들에 관해 연구한 적이 있습니다. 그는 이들이 기본적인 성품을 갖추지 못했기에 위기에 취약해 무너졌다고 진단했습니다.

성공 후 높은 위치에 있는 사람은 더 큰 도덕적 자질을 요구받습니다. 과거 인터넷이 발달하지 않았을 때는 잘 드러나지 않고 감출 수도 있었지만, 지금은 초연결의 시대인 만큼 언젠가는 거짓과 위선이 들통나게 마련입니다. 그래서 '인성'과 '평판'의 가치를 아는 미국의 몇몇 대학과 회사들은 지원자들의 SNS를 살펴보면서 지난 행동을 참고하기도 합니다.

현명한 부모는 아이의 내면과 인성을 헤아리고 어리석은 부모는 아이의 외면 즉, 성적과 학벌과 같이 겉으로 보이는 이미지를 좌우하는 행동만 가르칩니다.

지금 우리 아이를 차분히 바라보십시오. 아이의 어떤 면이 먼저 눈에 띄나요? 친구의 어려움에 귀를 기울이는 아이인지, 친구의 고통에는 귀를 닫고 영어 듣기 평가 오디오 볼륨을 높이는 아이인지, 무엇이 우선인지를 아는 아이에 따라 인생은 달라집니다.

비인지 능력은 행복한 성공을 위한 열쇠다

비인지 능력이란 IQ나 시험 점수처럼 수치화할 수는 없지만, 행복과 성취를 얻는 데 결정적인 역할을 하는 종합적인 '인간력'을 가리킵니다. 즉, 인지 능력은 측정 가능한 능력이고 비인지 능력은 신체적·정신적 건강과 자기조절력, 회복탄력성, 공감 능력, 문제해결력, 끈기, 협업 능력 같은 사회적, 정서적 특성을 포괄한 살아가는 힘을 말합니다.

'비인지 능력'이라는 말은 2000년 노벨 경제학상을 수상한 헤크먼Heckman 교수가 유아교육 연구에서 처음 언급했습니다. 경제학을 전공한 학자가 어떻게 유아교육 분야에서 유명해졌을까요?

그는 피실험자들을 장기간 추적하여 40세 시점에서 비교한 결과, 유아 시절 교육을 받은 사람이 교육을 받지 못한 사람보다 소득이 높고 범죄율은 더 낮았다는 것을 증명했습니다. 유아교육을 받은 사람이 받지 못한 사람보다 고등학교를 졸업한 사람의 비율은 20퍼센트 높았고, 범죄율은 19퍼센트 낮게 나타났습니다. 또 월수입이 2,000달러를 넘는 사람은 약 네 배, 내 집 마련을 한 사람은 약 세 배나 많았습니다.

그런데 이 연구에서 주목할 부분이 있습니다. 연구 결과 이들의 삶을 변화시킨 결정적인 변수는 바로 IQ 같은 인지 능력이 아니라 오히려 따뜻한 양육을 통해 얻은 '비인지 능력'이 결정적인 영향을 끼쳤다는 것입니다. 더불어 영유아기 조기교육에서 읽기, 쓰기, 계산하기 등을 가르치면 단기적으로는 IQ를 높일 수 있지만 장기적으로는 도움이 되지 않는다는 사실도 밝혔습니다.

인지 능력보다는 오히려 긍정적인 성격, 건강, 인내심, 시간 개념, 위험에 대한 태도, 자기 존중, 자제력 등 '비인지 능력'이 향후 인생에서 더 결정적인 영향을 끼친다는 것입니다. 취학 전 이러한 교육을 받은 아이들은 어떤 일에 도전하고자 하는 의욕을 비롯하여 유혹을 이기는 자제력, 어려운 상황에 부딪혔을 때 버티고 이길 수 있는 '회복탄력성' 등의 비인지 능력이 향상되었습니다.

헤크먼 교수는 비인지 능력이 가장 많이 발달하는 시기를 10세까지로 보고 이 기간에 부모는 비인지 능력을 키우는 데 초점을 맞춘 육아와 교육을 하는 것이 무척 중요하다고 강조했습니다. 또 국가는 사회와 부모가 이런 비인지 능력의 가치를 잘 알고 교육할 수 있도록 교육환경을 제공하는 것이야말로 곧 국가 경쟁력을 높일 수 있다는 것을 밝혔습니다.

그는 경제학자답게 가장 효율적인 국가 경제 발전 정책이 어떤 것인지, 또 제대로 된 교육이 어떻게 경제적 가치로 환산될 수 있는지 그 관계를 밝힌 것입니다. 더 나아가 실제 사회생활을 할 때도 IQ나 시험 점수 등의 인지 능력보다 '비인지 능력'이 행복과 성공을 좌우한다고 강조했습니다.

앤절라 더크워스Angela Duckworth 교수는 저서 『그릿』에서 '자신이 성취하려는 목표를 끝까지 해내는 힘'을 그릿으로 표현합니다. 그는 주어진 조건과 환경은 다 다르지만 결국 성공할 사람을 예측할 수 있었다고 합니다. 바로 '투지'가 높은 사람들이었습니다. 그들은 어떤 환경에서도 성공할 확률이 높았습니다. 이처럼 눈에 보이지 않는 숨겨진 비인지 능력이 눈에 보이는 성공과 성적의 이면에 있습니다.

비인지 능력에는 종류가 참 많습니다. 자기효능감, 애착 능력, 자기조절 능력, 주도력, 공감 능력, 사회성 등 언뜻 인성 또는 품성과 비슷하기도 합니다. 비인지 능력을 측정하기 위해서는 결과가 아닌 '과정'을 측정할 방법을 찾아야 하는 데 쉽지는 않습니다. 그 과정을 측정하는 데 공정한 환경을 조성하고 평가자 또한 냉철하게 지켜볼 오랜 시간이 필요하기 때문입니다. 인지 능력처럼 한 번의 평가로 결과를 얻어낼 수도 없습니다.

비인지 능력은 개인의 의지에 따라 길러지고 향상될 가능성을 무한히 가지고 있습니다. 경험이나 자기 인식에 따라 변화무쌍하게 나타나기도 하지요. 평생 그 능력이 이어지기도 하며 어느 땐 단 며칠 만에 끝나기도 합니다. 그러므로 꾸준한 관리와 자기 의지가 동반되어야 합니다.

그런데 만약 이러한 비인지 능력을 제대로 발달시킬 기회를 못 만나 제때 갖춰지지 않으면 어떻게 될까요? 열등감, 자기조절력과 스트레스 저항 능력의 상실, 고립감 등 삶의 질을 떨어뜨리는 여러 현상으로 채워집니다. 비인지 능력이 낮으면 그 빈자리에 다른 위험한 게 자리 잡아 밖으로 나타날 수 있습니다. 이는 개인만의 문제가 아니라 사회문제로까지 대두될 수 있습니다. '욱'하는 분노 조절 장애로 타인에게 신체적으로나 재산상으로 피해를 주거나 '갑질'로 타인에게 신체적·정신적 폭력을 행사할 수도 있습니다.

개개인의 비인지 능력이야말로 사회와 공동체를 위해서 반드시 채워져야 할 중요한 교육입니다. 누구나 가질 수 있지만 아무나 갖기 힘든 탁월한 인생의 기본기이자 근본 저력인 비인지 능력을 더 많은 아이들이 가질 수 있도록 도와주세요. 이런 아이들이 많을수록 세상이 더 건강하고 밝아질 테니까요.

비인지 능력은 학습되는 '실력'이다

많은 학부모가 제게 하소연하는 말이 있습니다.

"우리 아이는 머리는 좋은데 공부를 못해요."

"우리 아이는 똑똑한데 노력을 안 해요."

초등학교 때까지는 공부를 그럭저럭 잘하던 아이들도 중학생 때부터는 성적이 곤두박질치는 모습을 보입니다. 이럴 때 필요한 것이 비인지 능력입니다. 비인지 능력이 높아지면 인지 능력도 덩달아 좋아집니다. 초등학교 때까지는 주입식 공부가 좋은 결과로 이어지기도 하지만 아이가 자력으로 공부하는 고학년이 될수록 차이는 서서히 나타납니다. 자기조절, 끈기, 스트레스 저항성, 회복탄력성, 대인관계 등에서 안정감 있는 아이들이 점점 빛을 발하고 월등해집니다.

무엇보다 비인지 능력이 높아지면 자발적이며, 자기효능감으로 시험 점수가 나쁘게 나오더라도 왜 이렇게 점수가 나쁜지 분석하고 돌아볼 줄 압니다. 즉, 한 차원 높은 단계인 메타인지가 발달하는 것이죠. 또한 안정되고 일관된 집중력은 탄력을 받아 성적은 수직상승하게 됩니다.

성적이 상위권과 최상위권 아이들을 구분 짓는 결정적인 1퍼센트의 차이는 공부의 양이 아닙니다. 공부는 시간에 비례해 효과가 나타나지 않습니다. 바로 '정신력'과 '인성'의 차이에서 오기도 합니다. 오랜 시간 동안 많은 학생을 만나다 보면 사막의 오아시스, 때론 진흙 속의 진주처럼 특별한 학생들을 만날 때가 있습니다. 이들의 공통점은 건강하고 바른 인성을 소유했다는 것입니다. 마음에 긍정적인 정서는 여유를 갖게 합니다.

자동차로 비유하면 좋은 엔진이 있어야 연료를 넣은 만큼 좋은 출력을 얻을 수 있습니다. 우리는 같은 기름을 넣고도 오래 달릴 수 있는 차를 연료 대비 에너지 효율이 좋은 차, 즉, 연비가 좋은 차라고 합니다. 시동을 거는 생각과 행동에 동기가 부여되면 자기 내면에 장착된 엔진(비인지 능력)이 최대의 힘을 발휘하기 때문입니다. 그 결과 보는 사람도 흡족할 뿐만 아니라, 자기 자신도 달리는 내내 만족스러운 실력을 발휘하게 됩니다.

그런데 지금 우리나라에서 '공부' 하면 입시와 성적, 학원과 문제집으로 대표되는 것들로만 초점이 맞춰져 있습니다. 엔진은 좋지 않은데 빨리 달리라고 휘발유만 잔뜩 채우는 꼴이지요. 근원적이고 근본적인 문제의 원인을 살펴보지 않고 외관상 드러나는 부분에 집착하는 꼴입니다. 아이에게 자괴감을 덧입히고 열등의식을 부어대는 것이지요. 그렇게 하면 아이가 진취적으로 변할까요. 아닙니다. 오히려 자기 삶을 주체적으로 살아갈 아이의 엔진 성능이 꺼져버리고 맙니다. 힘들게 달리고 있던 엔진이 하루아침에 멈춰 설 수도 있습니다.

이제 내면에서 엔진 역할을 하는 아이의 비인지 능력에 주목하세요. 자기 리듬을 조절해 스스로 공부할 역량을 키워나가게 됩니다. 자기주도적으로 학습능력을 이끌기에 스트레스도 덜 받습니다. 물론 결과에 일희일비하지도 않지요. 자기 안에 오늘보다 내일 더 나아질 수 있다는 확신이 있기 때문입니다. 바로 이것이 비인지 능력의 위대한 저력입니다.

기질과 재능은 타고나는 부분이 많지만, 인성과 비인지 능력은 그렇지 않습니다. 얼마든지 교육과 훈련에 따라 얻을 수 있는 '실력'입니다.

먼저 비인지 능력은 서로 독립적이지 않고 거미줄처럼 연결되어 있습니다. 제대로 된 자존감이 생기면 도전하고 시도하면서 회복탄력성도 긍정적으로 자극을 받아 그 힘이 생깁니다. 자신이 계획한 일에서 성취감을 맛본 아이는 그것이 주는 희열을 알게 됩니다. 그래서 더 어려운 일에도 도전할 용기를 얻게 되는 것이지요. 여기에 더해 실패해도 좌절하지 않고 다시 일어날 수 있도록 자신을 위로하고 응원합니다. 자신이 얼마나 가치 있는 사람인지 스스로 깨닫기 때문입니다. 전문가들은 열 살, 즉, 초등학교 저학년까지 도덕성과 여러 비인지 능력을 잘 키워주면 평생의 근본 저력이 될 수 있으며, 만일 이 기간을 놓치면 시간과 노력이 더 많이 걸린다고 합니다.

이러한 능력을 키우는 방법으로, 첫 번째는 해로운 것, 부정적인 것들을 제거하고 줄이는 것입니다. 자녀에게 먼저 욱하고 소리 지르고 상처 주는 나쁜 말을 줄이는 것부터가 시작입니다. 또 스마트기기 노출을 최소화합니다. 아이한테 스마트폰을 많이 하지 말라는 잔소리를 하기 전에 부모가 먼저 아이들 앞에서 사용을 자제합니다.

그리고 부모의 어휘를 점검할 필요가 있습니다. 부모의 말 습관은 아이가 그대로 흡수합니다. 부정적인 단어를 많이 사용하고 불만을 자주 드러낸다면 빨리 언어 습관을 바꿔야 합니다. 가랑비에 옷이 젖습니다. 부모의 부정적인 시각과 사고는 아이의 장래를 비관적 방향으로 이끕니다. 생각에 그 단어들이 박히고 판단의 근거로 작용하기 때문입니다. 그러므로 아이 교육을 위해 밝고 긍정적인 어휘, 활력 있는 단어 사용합니다. 아이 미래를 환히 밝혀주는 열쇠이니까요.

두 번째는 과도한 공부를 시키기 전에 적기에 아이에게 필요한 교육이 무엇인지 찬찬히 살피고 아이의 욕구를 존중합니다. 유명한 소아정신과 전문의 신의진 교수는 뇌 성장원리와 적기교육에 대해 이렇게 말했습니다.

인간의 뇌는 큰 건물에 차례로 불이 들어오는 것처럼 순차적으로 어느 일정 시기가 되어야만 그 능력이 개발된다. 불도 들어오지 않은 사무실에서 무슨 일을 하겠는가. (…) 뇌가 준비 안 되면 무작정 자극을 준다고 해 봐야 아무 소용도 없다.

행복하고 건강한 성취를 하는 아이로 자라게 하고 싶다면 '우선순위의 가치'를 분명히 해야 합니다.

태어나서 제일 먼저 생성되는 것은 생존을 위한 회로입니다. 다음에는 감각과 운동기능이 발달하면서 더불어 애착과 감성 회로가 활발히 형성됩니다. 이런 살아갈 힘인 비인지적 기능들이 충분히 형성된 후에 언어적·논리적 기능들을 발달시켜야 하는 것입니다.

그런데 대다수 부모는 어떻게 하면 인지적 기능을 조금이라도 더 빨리 발달시킬 수 있을까 하고 비싼 학습 도구와 교재를 찾습니다. 첫 돌도 안 된 아이에게 영어 영상을 보여 주고 한글 플래시 카드를 넘기게 합니다. 뇌과학 전문가들은 이런 조기교육이야말로 아이의 두뇌를 망치는 길이라고 말합니다.

운동선수들이 가장 중요하게 생각하는 것이 바로 기초체력과 기본자세입니다. 이것이 바탕이 되지 않으면 뛰어난 선수가 될 수 없습니다. 교육 역시 마찬가지입니다. 아이의 성장이 가장 활발한 10세까지 비인지 능력과 아이에게 힘이 되어 줄 습관 등 인생을 살아갈 기본기를 만들어 주세요.

인격은
그 사람의 운명이다

"인격은 그 사람의 운명이다!"

그리스 철학자 헤라클레이토스의 이 말은 운명이 정해졌다는 것일까요? 아니면 선택과 노력에 따라 충분히 바꿀 수 있다는 것일까요? 말하고 생각하고 행동하는 모든 것, 즉, '언행심사言行心事'를 자세히 보면 그 사람의 '됨됨이'를 알 수 있고 그 사람이 앞으로 어떤 인생을 살아갈지 예측이 되기도 합니다. 헤라클레이토스의 이 말은 개인의 운명이 스스로 어느만큼 인성을 갈고닦느냐에 따라 달렸다는 것입니다. 그런 의미에서 훌륭한 인성과 제대로 된 비인지 능력은 내 아이가 살아가는 데 최고의 경쟁력이 될 수 있습니다.

우리는 앞에서 비인지 능력은 눈에 보이지 않지만 인지 능력 형성에 영향을 미치고 성인이 된 후 소득 수준을 결정하는 등 여러 부분에서 중요하다는 것을 알 수 있었습니다.

만약 아이가 어려서부터 제대로 된 비인지 능력과 인성을 갖춘다면 앞으로 좋은 대학과 좋은 직장을 얻을 가능성도 크고 자신의 분야에서 성공할 확률도 높습니다. '눈에 보이지 않지만 중요한 인성과 비인지 능력이 결국 눈에 보이는 열매까지 결정한다는 신념'을 가지고 교육하는 지혜로운 부모라면 애초에 단순히 명문대 입시에만 초점을 맞추지는 않겠지요. 아이가 좋아하고 잘할 수 있는 일을 찾아 그것으로 높은 만족과 보상을 스스로 얻어나갈 수 있는 근원적 힘을 키우도록 했을 것입니다. 더불어 사회에 공헌하는 행복한 인생을 살도록 자녀교육의 목표를 세웠을 것입니다.

잠깐의 기쁨을 위해 아이에게 사탕을 쥐여 줄 것인가, 평생의 행복과 성공을 위해 건강한 인성과 비인지 능력을 키워주는 교육과 훈련을 할 것인가, 이 모든 것의 시작은 부모가 무엇을 지향하느냐에 달려 있습니다. 또 부모가 얼마큼 용기를 내느냐에 달려 있습니다.

부모의 가치관이 아이의 인격을 좌우합니다. 헤라클레이토스의 말을 빌리자면 아이의 운명을 결정합니다. 물질만능주의에 사로잡힌 부모가 추구하는 삶은 물질에 최우선을 둘 것이 뻔합니다. 이러한 가치관은 유전되듯 아이조차 물질로 모든 것을 환원해 생각하겠지요. 공부를 잘하면 돈을 많이 벌 수 있어, 명문 대학에 가면 부자가 될 확률이 높아지지, 좋은 직업을 가져야 쉽게 돈을 벌 거야 등. '물질 = 행복'공식을 좇을 것입니다.

이기적인 삶을 지향하는 부모의 모습은 아이에게 어떤 영향을 미칠까요. '다른 사람이 피해를 보더라도 나만 아니면 돼.'라거나 '내가 손해 볼 수는 없지.'라는 비뚤어진 신념으로 살게 될 수 있습니다. 이러한 가치관은 사회의 혼란을 초래하고 더불어 사는 사회에 불협화음을 일으킬 것입니다.

반면, 정의로움을 추구하는 부모의 가치관이 아이에게 전해지면 사회를 안정시킵니다. 공공의 선을 위해 행동하기 때문이지요. 개인의 발전이나 이익 추구도 결국 사회를 위한 공헌으로 이어집니다. 많은 사람의 지지와 응원을 받으며 성장을 거듭하게 됩니다. 타인의 아픔을 보듬어주면서 그들의 삶을 이끌게 됩니다.

시대가 급격하게 변하고 경쟁이 심화되면서 우리는 삶의 방향을 잃고 표류하고 있습니다. '우리'라는 공동체 의식은 사라진 지 오래입니다. 인간애나 서로에 대한 존중도 희미해졌습니다.

지금 이를 언급하는 것은 예전 가치를 전수받고 이어가자는 맥락이 아닙니다. 표류하는 중에 무엇을 먼저 발견하고 어디에 손을 내밀까 하는 문제를 주제로 생각해 보자는 것입니다. 경제력일까요? 나만 살겠다는 의지일까요? 우리에게 실질적 도움을 주는 것은 무엇일까요? 지식의 축적인가요, 아니면 살아서 나가겠다는 자발적 의지인가요.

자발적 의지에 공감과 배려의 힘을 가진 인성이 주요한 역할을 할 것입니다. 자신을 통제하고 자제력을 발휘해 타인과 협력하여 유익을 추구할 수 있기 때문입니다. 위대한 결과를 이끄는 원동력이기도 합니다. 이는 자기 운명을 바꾸는 일과 직결되지요. 결국 인생의 성패는 인성에서 결정지어지는 것입니다.

빅터 프랭클의 의미 부여

오스트리아 출신의 유대인 빅터 프랭클은 제2차 세계대전 당시 죽음의 수용소로 악명 높았던 아우슈비츠 포로수용소에 갇혔다가 기적적으로 살아남은 정신분석학자입니다.

그는 유대인이라는 이유만으로 1942년 아우슈비츠 수용소에 도착한 바로 그날, 함께 온 유대인의 90퍼센트인 1,300여 명이 타오르는 불길 속에 연기로 사라지는 것을 생생히 지켜봐야만 했습니다. 수용소에서 부모와 아내, 두 자식 그리고 친구와 친척을 모두 잃었습니다. 그리고 일평생 연구하고 심혈을 기울여 써 온 목숨과 같은 정신분석에 관한 원고를 나치에게 빼앗기면서 죽고 싶은 마음을 먹기도 했습니다.

하지만 그는 편안한 죽음을 선택하기보다 고단한 삶을 선택합니다. 간신히 살아남은 빅터 프랭클은 머리카락을 비롯한 온몸의 털이 다 깎인 상태에서, 매일 구더기와 오물이 들끓는 잠자리에 들어야 했습니다. 살아남은 사람들은 사시사철 하루 종일 맨발로 고된 노동에 시달렸습니다. 일할 능력이 없어 보이면 무참히 가스실로 보내지기 때문에, 수용소에서의 생활은 매일매일이 생존을 위한 치열한 싸움이었습니다. 하지만 그는 참담한 상황 속에서도 결코 낙담이나 절망적 말을 입에 담지 않았습니다.

"자극과 반응 사이에는 공간이 있다. 그 공간에는 자신의 반응을 선택할 수 있는 자유와 힘이 있다. 그리고 우리의 반응에 우리의 성장과 행복이 좌우된다."

빅터 프랭클의 저서 『죽음의 수용소에서』에 나오는 유명한 구절입니다. 수용소라는 똑같은 환경에서도 사람들의 모습은 참으로 다양했습니다. 수감자 중 관리자로 뽑힌 사람은 자기만 편하게 살기 위해서 같은 민족임에도 불구하고 동료를 감시하고 멸시하는 모습을 보입니다. 또 어떤 사람들은 오물이 가득한 바닥에 자포자기한 모습으로 그저 죽음만을 기다리며 가만히 누워만 있습니다.

하지만 혼자 살아남기도 힘든 수용소에서 남을 위해 희생하는 사람들도 있었습니다. 다 같이 먹을 것이 없어 굶주리는 상황에서도 빵 한 조각을 다른 사람에게 기꺼이 내주거나 더 힘들어하는 사람을 돌보았습니다. 사랑하는 가족을 다시 만나기 위해서 매일 가족과 다시 만날 것을 상상하면서 버티는 사람도 있었습니다. 또 빅터 프랭클 박사처럼 수용소에서 극한의 고통과 시련을 실존적으로 받아들여서 전혀 다른 새로운 의미와 가치로 승화시키는 사람도 있었습니다.

이처럼 포로로 붙잡힌 사람 대부분이 삶을 포기하고 의욕 없이 생활하다 생을 마감했지만 어떤 사람들은 생사의 엇갈림에서도 삶의 의미를 잃지 않고 인간 존엄성의 승리를 보여 줬습니다.

빅터 프랭클은 같은 환경과 상황 속에서도 다양하게 살아가는 인간의 모습을 보면서, 인간이 어떤 종류의 사람이 되느냐를 결정하는 것은 그 개인의 내적 선택의 결과이지 수용소라는 환경이 아니라는 사실을 실감하게 됩니다.

결국, 최악의 환경에 놓여 있는 사람도 스스로 정신적으로나 영적으로 어떤 사람이 될 것인가를 자유의지를 사용해 선택할 수 있다는 것입니다. 인간을 둘러싼 환경보다 더 큰 힘을 가지고 있는 것이 '삶의 의미'입니다.

동서양을 막론하고 크게 성공한 사람들에겐 공통점이 있습니다. 바로 역경과 시련 앞에서도 압도당하거나 굴복하지 않고 이겨내 자신을 발전시키고 성장시켰다는 것입니다. 그들은 회복탄력성과 역경 지수가 높았습니다. 앞으로는 지능지수나 감성지수보다 역경지수가 높은 사람이 성공할 것이라고 예측하기도 합니다.

성공에서 가장 중요한 것은 두뇌가 아니라 목표를 이루는 과정까지 참고 견디는 '마음의 힘'과 '삶의 자세'입니다. 우리 아이들이 마음의 힘이 성장하는 방법은 바로 '삶의 의미'를 깨닫는 것입니다.

제가 그동안 만나 왔던 아이들은 스트레스가 많은 힘든 환경에 노출되어 있음에도 삶의 의미를 이야기해 주고 가르쳐 주는 어른이 주변에 없다는 것입니다. 자신만의 삶의 의미를 깨닫지 못하면 그저 공허하게 인생을 살아갈 수 있습니다.

부모는 자녀가 다양한 경험을 통해 스스로 의미를 찾고 동기부여 받을 수 있게 해 주세요. 일상에서 겪는 스트레스나 실패에도 유연하게 대처하고 극복하도록 유도하고, 사소한 일상에도 감사와 의미를 발견함으로써 삶을 적극적으로 살아가도록 도와주세요.

인생을 포기할 수밖에 없는 처절한 절망의 순간에도 의미를 찾고 삶을 선택한 빅터 프랭클 박사의 노력이 없었다면 프로이트의 정신분석과 아들러의 심리학에 이어 정신요법 제3학파라 불리는 '로고테라피 학파'는 이 세상에 나오지 못했을 것입니다. 로고테라피는 지금도 중요한 정신치료 기법입니다.

코로나 바이러스, 생존을 위협하는 기후 위기와 지구 생태계의 위기, 높은 실업률과 물가 상승 등의 경제 위기, 소득 양극화와 불평등의 심화, 저출산과 인구 고령화 등은 우리 사회가 직면한 힘든 문제들입니다.

우리 아이들은 어떨까요? 주위를 둘러봐도 미래가 마냥 장밋빛으로 환하고 기대된다는 아이들은 거의 없습니다. 앞으로 우리 아이들은 전혀 예측할 수 없는 감히 상상도 못 한 여러 문제를 마주하며 살아가고 또 그 안에서 살아남아야 합니다.

시대와 상황, 환경이 바뀌더라도 생에 대한 애착과 인간이라는 그 자체만으로도 귀한 존재라는 가치와 의미는 변하지 않을 것입니다. 죽음의 수용소에서 살아남은 빅터 프랭클은 환자들에게 니체의 말을 자주 했습니다.

"왜 살아야 하는지를 아는 사람은 그 어떤 상황도 견뎌낼 수 있다!"

열악한 환경, 고난과 시련 속에서는 강한 자가 살아남는 게 아니라 살아남는 자가 강한 자입니다. 그 환경을 자신의 성장에 활용하도록 스스로 의미 부여를 잘하는 사람이 결국 살아남습니다.

부모는 아이의 인생에 위대한 마법을 걸 수 있습니다.
그건 바로 매일 긍정의 언어를 아이 마음 밭에 잘 뿌리는 것이죠.
그러면 분명 아이의 마음 밭에서 씨앗은 잘 자라 열매를 맺을 것입니다.

2장

어떤 어려움도 이겨내는 편안한 마음과 긍정성

교육의 목적은

기계를 만드는 것이 아니라

인간을 만드는 데 있다.

장 자크 루소 Jean Jacques Rousseau**, 사상가**

마음이 평안해야 인생이 술술 풀린다

학습과 진로 상담을 하다 보면 자존감이 떨어지고 마음 둘 곳 없어 방황하는 아이들을 많이 만납니다. 자신을 부정적으로 바라보며 '나는 가치가 없어, 누구에게도 사랑받을 수 없어.', '나 같은 건 아무도 도와주지 않을 거야.'라고 단정 지으며 자기 부정을 하는 아이들입니다.

중요한 문제일수록 자신이 아닌 다른 사람의 결정에 따르는 것이 편하다는 아이, 남이 도와줘야 뭐든 하는 아이, 한두 가지 사건으로 전부가 그렇다며 확정 짓는 아이, 인과관계를 따져 보면 자신 때문이 아닌데도 모든 문제의 원인을 자기 탓으로 돌리거나 반대로 명백히 자기 잘못인데도 친구나 학교, 세상 탓을 하는 아이, 악의가 없는 상대방의 선의를 악의로 해석하는 아이들도 있습니다.

이런 아이들을 보면 대체로 마음이 꼬여 있습니다. 어지럽게 꼬인 마음을 어디서부터 어루만지고 풀어 줘야 할지 막막할 때가 있습니다. 무엇보다 더 큰 문제는 아이도 부모도 무엇이 어디서부터 잘못 되었는지 잘 모른다는 것입니다.

우리는 나이가 들수록 자신이 가진 사고의 틀과 습관을 바꾸기가 어렵습니다. 이미 오랜 기간 인지 패턴이 자연스럽게 굳어졌기 때문입니다. 따라서 인식과 반응의 과정에서 여러 다양한 선택을 할 수 있도록 부모와 선생님의 도움이 필요합니다. 이게 '병'이고 '문제'이니 치료해야 한다고 접근하면 거부감을 느낄 수 있겠지요. 스스로 인식하고 해결하고자 하는 의지가 없으면 타인의 간섭일 뿐입니다.

또한 겉으로 보면 야무지고 똑똑하지만, 내면이 평안하지 않아 결국 연료가 바닥나 더는 치고 나가지 못하는 한계에 이르는 경우도 봅니다. 그런 경험은 어려운 일에 부닥치면 피하거나 타인에게 의존하려는 의존성을 키우게 되기도 합니다. 또 결정적인 순간에 선택을 잘못한다거나 고비를 잘 넘기지 못해 평탄하지 못한 경우도 봅니다. 항상 남들 시선만 의식해 자신의 삶에 만족하지 못하고 행복한 삶을 이뤄나가는 데 많은 어려움을 겪는 학벌만 좋은 '헛똑똑이'를 보기도 합니다.

결국, 경쟁력 있는 근본 저력은 '평안한 마음'입니다. 이런 평안한 마음을 지닌 아이는 나이가 들수록 삶이 안정됩니다. 이제는 이런 평안하고 평정심 있는 내면세계를 갖추는 것 자체가 큰 경쟁력인 사람들이 늘어날 것입니다.

누구나 밝고 낙관적이고 진취적인 사람을 좋아합니다. 아이의 마음을 평안하게 만들어 주는 것이 큰 재산임을 부모가 먼저 인식해야 합니다. 아이에게 평온한 마음을 만들어 주기 위해 부모는 어떻게 해야 할까요?

먼저 아이의 자존감을 높여 주어야 합니다. 아이가 스스로 자신을 중요하게 여기고 존중하도록 유도하는 것입니다. 여기에는 사랑이 바탕이 되어야 하는데 맹목적인 헌신과 희생의 사랑이 아닙니다. 이는 오히려 자기가 존엄하다는 생각보다 방종이라는 역효과를 불러올 수 있습니다. 일방적인 가르침이나 강제, 억압은 절대 사랑의 표현이 될 수 없습니다. 부모는 사랑하기에 잔소리하고 훌륭한 사람으로 이끌기 위해 강압적인 방법을 쓴다고 해명합니다. 타인을 존중하는 사랑의 본보기를 실천할 때 아이는 자신도 존중받게 된다는 사실을 기억해야 합니다.

다음으로 아이가 원하는 것이 무엇인지 구체적으로 대화를 나눠 보세요. 아이와 대화할 때는 눈높이를 맞추고 집중해서 들어줘야 합니다. 그러면 아이는 존중받고 있다는 심리적 안정감에 차분하게 자기 의견을 말하게 됩니다. 부모의 경청 모습에서 아이는 자기 발언을 가치 있게 여길 것입니다. 신중하게 말하는 법을 배우고 상대를 배려하며 대화하는 법을 알게 되지요. 또한 타인의 의견에 귀 기울여 주는 배려의 인성까지 기를 수 있습니다.

마지막으로 '책임'과 '관용'을 가르쳐야 합니다. 죄책감을 느끼면 마음을 평안하게 유지하기 어렵습니다. 아이가 한 행동이 누군가에게 불편함을 주거나 피해를 끼친다면 분명하게 사과하도록 해야 합니다. 자신이 잘못한 일인 줄 아는데도 부모가 사과하고 끝내거나 대충 넘어가게 되면 다음에 잘못하더라도 아이는 잘못을 인정하지 않고 오히려 그 일로부터 회피하려 들 것입니다.

또한 타인의 잘못을 용서해 줄 수 있는 아량도 길러 줘야 합니다. 용서하지 못해 분노하거나 감정을 폭발시킨다면 결국 화가 화를 키울 수 있습니다. 상대가 진심 어린 사과를 할 때 이해가 가능한 범위 안에서 관용을 베풀 수 있도록 유도해 보세요. 이로써 마음이 평화로워지며 생활에 안정이 깃들게 됩니다. 기억하세요. 인성은 책으로 배우는 것이 아니라 실천으로 터득된다는 사실을요.

화목한 가정에서
인재가 나온다

화목한 가정은 아이의 정서적 안정이나 성인 이후의 행복과 성공에 지대한 영향을 미칩니다. 저 또한 결혼하고 아이를 키우면서 '화목한 가정'을 만들기가 얼마나 어렵고 소중한 일인지 다시 한번 깊이 실감하고 있습니다.

'화목한 가정'은 부부간의 관계로부터 시작됩니다. 문제 아이들을 상담하다 보면 그 문제는 겉으로 보이는 껍데기일 뿐 결국 부모의 문제 그리고 부부간의 불화에서 시작된 문제가 많습니다.

가정은 작은 우주와 같습니다. 부모와 아이가 더 나은 삶, 더 행복한 삶, 즉, '서로의 삶의 질'을 위해 무엇이 필요하고 어떻게 성장할지에 집중해 보세요. 그러려면 먼저 부모와 아이가 각자 생각하는 행복의 정의에 관해 이야기 나누는 시간이 필요합니다. 각자의 행복에 대한 정의와 기준을 알았다면 가족 구성원의 욕구가 충족될 수 있도록 서로 존중하고 배려하는 연습이 필요합니다.

세계적인 문화 인류학자 마거릿 미드Margaret Mead는 연구를 위해 문명의 영향을 받지 않은 남태평양의 사모아섬에 갔습니다. 그는 원주민의 전통이 고스란히 남아 있는 사모아에서 특이한 것을 발견합니다. 우리는 으레 당연하다고 여기는 질풍노도인 '사춘기'에 나타나는 전형적인 모습들이 그들에게는 보이지 않았던 겁니다. 이에 그는 사춘기의 행동을 결정하는 것 역시 그 사람이 속해 있는 사회의 '문화'라는 것을 발견하게 됩니다. 사춘기 하면 떠오르는 거친 성격, 반항, 우울, 방황, 날카롭고 까칠한 모습 등은 모두 한 사회의 문화적 조건에 따라 달라진다는 것이죠.

어떤 환경에서 성장하는지에 따라서, 또 부모와 주변 사람들과 어떤 상호작용 속에서 자라는지에 따라서, 우리가 생각하는 인간의 생애주기에서 나타나는 전형적인 행동과 심리 또한 달라진다는 것을 알 수 있습니다.

만약 인류학자 미드가 요즘 아이들을 보면 어떤 생각이 들까요? 사춘기의 강도는 더 세지고 사춘기가 시작되는 나이도 점점 어려지고 있습니다. 과도한 학업 경쟁, 스마트폰, 미디어(TV, 영화, SNS 등), 게임, 선정적이고 폭력적인 콘텐츠 등 아이들을 둘러싼 환경은 과거 제대로 된 즐길거리가 없어도 그저 친구만 있다면 어디든 놀이터가 되고 놀거리가 넘쳤던 것과는 너무나 달라졌습니다. 무리한 조기교육과 선행학습으로 인한 부담감, 아무리 공부를 잘해도 항상 누군가와 비교되는 열등감, 메이커 옷과 신발 선호, 외모가 경쟁력이고 권력이라 생각해 겉모습에 대한 집착도 심해지고 있습니다.

이런 사회 환경에서도 건강하게 사춘기를 극복하고 바른 인성을 소유한 아이들에게는 공통점이 있습니다. 바로 화목한 가정에서 마음을 헤아려 주는 부모와 제대로 깊은 교감을 한다는 것입니다. 실제로 주변에도 나름의 방법으로 아이와 양질의 소통을 하는 부모들을 봅니다. 이런 가정의 아이들은 사춘기를 비교적 순탄하게 보냅니다. 신기할 만큼 이런 가정의 아이들은 사춘기가 없는 것처럼 지나가기도 합니다.

그 가정을 들여다보면 아빠와 아이들이 같이 맛집을 탐방하면서 이야기를 나누고 진로 문제와 친구 관계를 상담해 주기도 합니다. 또는 캠핑을 하면서 보드게임을 즐기고 모닥불 피워놓고 진솔한 이야기를 나눕니다. 부모와 자녀 간의 이런 애착 관계를 사춘기 때 구축하려고 하면 이미 때가 늦습니다. 어린 시절부터 부모 자녀 간의 신뢰가 잘 쌓여야 가능한 일입니다.

상담하면서 부모들에게 이런 이야기를 하면 "여유 있는 가정이나 그러죠. 우리는 먹고살기 바빠요."라고 말하는 분들이 있습니다.

하지만 현명한 부모들은 아무리 바빠도 잠시 짬을 내서 아이의 진짜 속마음을 나눌 시간과 공간을 확보해 교감의 시간을 보냅니다. 그들은 학원에 의존하기보다 어릴 때부터 가정에서 아이들과 책도 읽고 영화도 보며 다양한 소재를 주제로 삼아 토론거리를 만들어 아이에게 생각하는 힘을 길러줍니다. 또 학습지나 문제집만 풀게 하는 게 아니라 인성교육을 통해 삶의 가치를 찾을 수 있도록 돕습니다. 중요한 결정을 앞두고는 반드시 자녀와 미리 상의해 자신의 의견을 펼치게 합니다.

한 지인분은 아들이 중학교 입학 후에는 본인이 하고 싶어 하는 것을 시키면서 한 발짝 물러서되 교육과 관련된 정보나 자료 정도만 도움을 주곤 했습니다. 그의 아들은 초등학교 때까지 모든 부분에서 느린 편이라 부모로서 불안하고 조바심을 낼 법도 했는데 초조해하지 않았습니다. 주변에 휩쓸리지도 않았고, 자기 가정의 철학과 원칙에 맞게 정보를 선택하고 적용했습니다. 세상 돌아가는 것을 볼 줄 알고 이런저런 정보에 함부로 휩쓸리지 않는 강한 면모도 보였습니다. 무엇보다 중요한 점은 내 아이에 대해 누구보다 잘 안다는 것이었습니다. 내 아이의 타고난 기질과 성향 그리고 강점과 약점, 한계까지 말입니다. 그랬기에 적절한 판단을 내릴 수 있었고, 좋은 결과를 낼 수 있었습니다.

부모와 가정이 자녀교육을 등한시하고 학교나 학원에 '아웃소싱'

하는 것은 자녀를 망가뜨리는 지름길입니다. 가정에서 스스로 사고하는 능력과 자기성찰 능력 등의 인성과 진로교육을 명확히 해야 교육 과소비가 사라지고 교육 시장에서 호구가 되지 않습니다. 이제는 '가정 중심의 교육'으로 학교와 학원을 어떻게 조화롭게 조율할지를 생각하는 부모가 필요합니다.

잘 자란 아이들의 공통점

"부모에게 주어진 시간은 자녀가 13세 될 때까지!"

미국의 유명한 부모교육 전문가 토머스 고든Thomas Gordon이 한 말입니다. 영유아기부터 초등까지 아이와 친밀하고 깊은 유대감을 형성하지 못하면 그 이후로 부모와 자녀 관계는 어려워질 수밖에 없다는 것을 잘 표현하고 있습니다.

사춘기 자녀를 둔 부모들이 힘들어하는 두 유형이 있습니다.

먼저는 심드렁하고 무기력해져서 그 어떤 것에도 의욕과 관심이 없고 방 안에만 틀어박혀 지내는 자녀의 유형입니다.

반면에 활력이 넘쳐서 마치 집은 잠만 자는 여관방처럼 이용하고 매일 싸돌아다니는 유형이 있습니다. 이런 유형의 아이들은 부모가 조금이라도 뭐라고 하면 예민하고 까칠한 수준을 넘어서 버럭 화를 내는 폭발 직전의 화산 같습니다. 연예인보다 더 바쁜 아이를 보며 "노래방 좀 그만 가라. 친구들 좀 적당히 만나고 하루는 좀 쉬어라. 비싼 운동화 비싼 화장품 그만 사라."고 말하면 도리어 부모에게 짜증과 못된 말을 서슴없이 합니다.

집 안에만 틀어박힌 아이를 둔 부모는 제발 아이가 친구라도 만나길 바라 용돈을 손에 꼭 쥐여 주지만 만날 친구가 없어 집에서 잠만 자거나 침대에서 스마트폰만 보고 게임만 합니다. 부모는 아이가 커서 제대로 사회적 교류는 할 수 있을지, 제대로 학교라는 곳을 졸업해 직장을 다닐 수나 있을지 불안합니다.

어떤 유형이든 간에 이런 사춘기 자녀를 둔 부모들은 공통적으로 처음에는 당황하기도 하고 아이의 냉정한 태도에 상처를 받습니다. 그다음에 드는 생각은 '대체 뭐가 잘못된 것이지?, 내가 어떤 잘못을 했기에 아이가 이렇지?' 하고 자책하게 됩니다. 또 부모로서 지금까지 뒷바라지를 열심히 해 줬는데 따라 주지 않는 아이를 보면 화가 나고 억울합니다. 더 나아가 학교폭력이나 범죄에 휘말리기라도 하면 부모는 세상과 존재 그 자체가 무너지는 느낌에 휘청거립니다.

확실한 것은 모든 문제에는 분명히 원인이 있다는 것입니다. 일반적으로 가장 큰 원인은 호르몬의 변화와 2차성징으로, 흔히 우리가 아는 질풍노도의 시기에서 오는 인생의 '반항'입니다. 이 정도는 마음을 내려놓는 게 좋습니다. 어떤 부모는 사춘기 때조차도 다른 아이들 또는 다른 형제자매와 비교하면서 넌 왜 그러냐고 윽박지릅니다. 또 다른 원인은 부모와 자녀의 미묘한 '감정 문제'를 해결하지 못한 경우입니다.

저도 나이가 들어가면서 깨닫는 게 있습니다. 바로 '사랑하는 것과 잘 지내는 것은 별개의 문제'라는 것이죠. 아무리 자식을 목숨보다 사랑한다지만 행복하게 잘 지내려면 많은 지혜와 노력이 필요합니다. 저 역시 가족을 사랑한다고 하지만 굉장히 무모하고 서툴 때가 많습니다. 가족 문제를 치유하다 보면 "부모가 먼저 행복해야 자녀도 행복하다."라는 말을 여기저기서 많이 듣습니다. 때로는 부담스럽고 부모에게 의무처럼 강요하는 말로 들리기도 합니다. 그런데 이 말은 모든 문제를 부모 탓으로 돌리는 것이 아닙니다.

그동안 다양한 가정의 많은 아이를 만나 왔습니다. 행복한 가정도 불행한 가정도 있었습니다. 부모가 이혼한 후 한부모 가정에서 자라는 아이, 가정의 틀은 유지해도 행복하지 않은 가정에서 자라는 아이, 놀라운 건 그러한 환경에서도 잘 자란 아이들이 있다는 것입니다. 누구도 부모를 선택해서 태어나지 않습니다. 바로 이런 사실을 직면하고 받아들인 아이들입니다. 비록 자신의 결핍과 한계를 받아들이긴 했지만 결코 인생을 포기하진 않았다는 사실입니다. 가정에

문제가 있어도 진짜 자존감이 넘치는 아이들은 가정의 문제가 '나 때문'이 아니다, '문제가 있지만 그럼에도 온전히 사랑받고 있다.'라는 강한 믿음을 가지고 있었습니다. 자녀에게 따뜻한 메시지를 전해 보세요.

"때론 힘들고 불행할 수도 있어. 그런데 이건 너 때문에 생긴 게 아니야. 네 문제가 아니라 엄마 아빠에게 문제가 있어서 그런 거야. 너는 충분히 너 자체로 사랑받을 자격이 있는 귀한 존재야. "

부모와 자녀 사이에 신뢰를 바탕으로 정서적 토대가 잘 다져지면 아이 스스로 이겨낼 힘이 생깁니다. 형편없는 성적으로 스트레스를 받아도, 친구와 갈등이 생겨도 쓰러지지 않고 해결합니다. 자신에 대한 믿음과 자존감이 쌓여 일어날 힘이 생깁니다.

앞에서도 말했듯이 부모는 '아웃소싱'할 것과 그러지 말아야 할 것을 잘 구분해야 합니다. 지혜로운 부모는 아이가 마음속 이야기를 나눌 수 있는 시간과 공간부터 최우선으로 확보합니다.

아이가 밖에서 인정도 받고 별 불만이 없어 보이더라도 아이의 내면에는 충족되지 않은 욕구가 있을 수 있습니다. 아이의 마음엔 내가 사랑받기 원하는 존재는 내 부모이고, 그들이 나를 바라봐 줬으면 하는 마음이 있습니다. 그런데 부모 입장에서는 요즘처럼 바쁜 현실에서 이것은 부모에게 커다란 도전과제와 같습니다.

아이들은 근본적으로 부모가 깊이 자신을 사랑한다고 확신할 때 안정감을 얻습니다. 그러므로 부모가 자녀의 존재를 인정하고, 사랑하고 있음을 명확하게 '전달'하는 것이 중요합니다.

마음을 표현하는 하나의 방법으로 '칭찬하기'가 있습니다. 칭찬은 무언가를 성취했을 때보다는 존재 자체에 대한 칭찬일 때 '자신을 사랑하는 씨앗'을 심어주는 효과가 큽니다.

"네가 우리 딸이라서 너무 좋아."
"엄마는 너와 함께 맛있는 것을 먹을 때 가장 행복해."
"실패해도 괜찮아. 그래도 사랑해."

사랑을 많이 받아야 많이 베풀 수 있습니다. 이렇게 부모와 소통이 잘되고 지지와 사랑으로 마음이 꽉 찬 아이들은 당장 입시에서 좋은 결과를 얻지 못해도 대학을 넘어 사회에서 성공을 이루고 행복하게 살 가능성이 넘칩니다.

아이가 어리다면 놀이를 통해 사랑을 전달해 주세요. 긴 시간을 할애할 필요 없습니다. 짧은 시간이라도 아이가 원하는 놀이를 함께 해 주는 것입니다. 아이의 말을 잘 들어보면 부모가 어떤 역할을 감당해 주었으면 하는지 알 수 있습니다. 역할놀이나 몸을 부대끼는 놀이, 함께 노래를 부른다든지, 춤을 추거나 책을 읽어주는 것도 놀이에 해당합니다. 밥을 아이 속도에 맞추어 같이 먹고 서로 반찬을 올려주는 놀이도 즐거워합니다. 같이 손잡고 편의점에 가면서 무엇을 사고 싶은지 맞춰 보는 것도 재미난 놀이입니다. 시간에 쫓기거나 부담스런 거창한 놀이보다 소소한 일상에서 놀이하듯 아이와 교감을 형성하는 것을 추천합니다.

유년기의 아이들은 여행이나 등산, 캠핑처럼 시간을 들여야 합니다. 부모와 대화의 소재가 다양해지고 추억을 쌓아야 유대감과 결속력을 단단하게 유지할 수 있기 때문입니다. 자존감이 형성되기 시작하는 유년기에는 아이들에게 성취감을 느끼고 자부심을 심어주는 경험적 요인이 필요합니다. 낮은 산이라도 산의 정상에 올라본 아이의 가슴 벅찬 경험은 남다를 것입니다. 인내와 끈기까지 더불어 얻어지겠지요. 캠핑이나 여행도 마찬가지입니다. 작은 도전을 내어주고 아이들이 이루게 해 주세요. 인생에서 부모로부터 가장 인정받고 싶어하는 시기가 이때입니다. 때를 놓치지 마세요.

청소년기에는 영화를 보거나 공통된 취미를 만들어 볼 것을 권합니다. 장르별로 선별해서 보아도 좋고 어느 감독을 정해 작품을 찾아봐도 좋습니다. 게임에 흥미를 보이는 아이라면 부모도 한 번쯤 그 게임을 해 봐야 합니다. 대화의 폭이 훨씬 광범위해지니까요. 당연히 자녀를 이해하는 강도도 높아지겠지요. 같은 취미를 가진 부모와 자녀는 서로에 대한 신뢰가 높습니다. 아주 든든한 내 편이 있다는 사실만으로도 안정감을 높이고 반항심은 줄어듭니다.

청소년 시기는 가장 고민이 많은 시절이기도 합니다. 그런데 부모는 다 컸다고 "네 일은 네가 알아서 해."라고 정신적 독립을 부여하기도 합니다. 정말 정서적으로 독립할 만큼 성장했을까요. 청소년기의 아이들은 오히려 유년기보다 더 혼란스럽고 매끄럽지 못한 성장통을 겪습니다. 단순하게 해결되지 않는 교우 관계나 이성 문제, 내적 갈등이나 좌절감을 안기는 현실. 이 모든 것에서 한계를 절감합니다. 그렇다고 도움을 요청하지도 않지요. 이해나 조언을 구할 상대로 부모가 적당하다고 생각하지 않기 때문입니다.

그러므로 청소년기의 아이에게 너무 가혹한 책임과 목표를 부여해서는 안 됩니다. 차라리 도움이 필요할 때라고 인식시켜 주는 것이 현명합니다. 아이에게는 곁에 조력자 혹은 피난처가 있다는 사실만으로도 위안이 되니까요.

인성은 '관계'에서 촉발됩니다. 아이가 태어나면서부터 확립된 관계는 부모와 자녀의 관계입니다. 요즘은 가족의 형태가 다양하지만 어느 형태의 가족이든 사랑이 밑바탕 되어야 합니다. 아직 미성숙하고 불완전한 아이가 자라는 양분은 바로 그 안에 저장되어 있습니다.

문제없는 가정은 없지만

부모와 자녀의 관계 유형에는 네 가지가 있습니다.

첫 번째는 '친구형 부모'가 있습니다. 많은 부모가 바라는 모습입니다. 실제로 요즘 젊은 밀레니얼 세대의 부모들은 자신이 친구형 부모라고 생각하는 이들이 많습니다. 아이가 어떠한 어려움도 없이 부모와 대화하고 사생활을 공유하지요. 고민을 털어놓을 상대로 부모를 먼저 떠올리고 기쁨과 즐거움의 순간도 함께 합니다. 아이에게 가장 편안한 상대의 부모가 되기를 희망합니다.

하지만 좀 더 살펴보면 아이에게 너무 많은 주도권을 줘서 질서와 권위가 무너진 경우가 있습니다. 적절한 통제가 없다 보니 교육의 공백이 생겨 버려 때로는 인성 문제가 발생하기도 합니다. 아이는 어느 정도 거리감은 있지만 안정을 주고 기댈 수 있는 언덕이 되는 보호자를 원하기도 합니다.

두 번째는 '억압형 부모'입니다. 아이 입장에서 보면 부모가 굉장히 경직되고 답답해 숨이 막힙니다. 부모는 아이의 생각과 마음을 잘 들여다보려 하지 않고 부모 생각만 고집하며 아이에게 강요합니다. 커가면서 아이들은 말이 통하지 않는 부모에게 아예 입을 닫아버리는 경우도 많습니다.

이런 유형의 부모는 자신이 살아왔던 시대와 아이들이 사는 시대가 다름을 인정하지 못합니다. 아이에게 자기 삶의 방식을 투영하고 그대로 살아주기를 원합니다. 자신이 실현하지 못한 것을 이루어주기를 원하며 명령과 지시를 내립니다. 그럴수록 아이는 반감을 키워갑니다. 참고 견디다가 자기감정을 억제하지 못하면 터지고 맙니다. 그러면 부모는 더욱 강압적인 자세를 취하며 악순환을 반복하게 됩니다. 의외로 지적 수준이 높은 부모나 경제적으로 유복한 가정에서 이런 강압적인 부모가 많습니다. 자녀에 대한 기대치가 높기 때문인 것 같습니다.

세 번째는 '합리형 부모'입니다. 언뜻 들으면 좋아 보이지만 부모가 아이들을 사무적으로 또는 선생님이 학생 다루듯 하기에 살가운 느낌이 없습니다. 감정적이지 않고 합리적이고 이성적으로 문제를 다루지만 따뜻함이 부족합니다. 아이들은 언제나 부모가 온전한 내 편이기를, 어리광을 받아주기를 바라는데, 부모에게서 차가운 느낌을 받습니다. 이런 유형의 부모 밑에서 자란 한 지인의 말이 기억납니다.

"나중에 내 아이가 우리 집과 엄마를 몹시 추운 날에 생각나는 따뜻한 핫초코처럼 여기면 좋겠어."

가족은 자신이 나태하고 느슨한 모습을 보여 줄 수 있는 유일한 사람들 아닐까요. 가족이라는 관계에는 서로의 빈틈을 메워주고 부족함을 보듬어주는 포근함이 머물러야 합니다.

네 번째는 '혼돈형 부모'입니다. 따뜻했다가 차가웠다가 규칙이나 경계, 일관성이 없는 유형입니다. 아이보다 오히려 부모가 자기 욕구대로 하고 싶은 대로 말하고 행동합니다. 때로는 문제가 생길 때 부모가 더 우왕좌왕하거나 문제를 크게 만들어 아이가 몸 둘 바를 몰라 민망해하는 일도 있습니다. 이랬다저랬다 하는 부모 때문에 혼란스러운 아이는 어느 장단에 맞춰야 할지 몰라 불안해합니다.

부모도 인생을 처음 사는 것이니 자녀의 몫까지 감당하기 어려울 수 있습니다. 어른이지만 매일 새로 시작하는 오늘을 살아가는 것이지요. 부모 자신 앞에 닥친 현실도 감당하기 어려워 버겁고 힘든 게 당연합니다. 그러나 이런 모습을 아이에게 보여 주어서는 안 됩니다. 한두 번 이해를 구할 수는 있지만 반복되어서는 곤란합니다. 아이에게 부모로서 신뢰가 무너지면 아이는 낭떠러지에 위태롭게 홀로 선 상태가 됩니다. 선배나 전문가 혹은 책에서 지혜를 얻고 도움을 구해야 합니다. 침착하고 지혜로운 부모의 모습을 보여야만 아이도 안정되어 갑니다.

네 가지 관계 유형 중 나는 어디에 속하는 부모인지 살펴보고 어떤 점을 고쳐 나가야 할지 생각해 보세요. 당사자가 문제를 인식해야 개선할 수 있습니다. 문제와 상처가 없는 가정은 없습니다. 지혜로운 부모는 자신은 불완전하지만, 아이의 마음속에 쌓여 있는 외로움, 불안, 화 등의 감정을 헤아리고 보듬으려 합니다.

부모가 먼저 내 아이만의 고유한 기질과 특성, 장점을 보고 공감의 대화를 시도해 보세요. 또 아이가 하고 싶은 것에 대해서는 범죄가 아닌 이상 고정관념을 갖지 말고 최대한 존중하다 보면 아이가 부모와의 대화의 창구를 서서히 열고 손을 내밉니다. 포기하지 않는 한, 사랑과 의지가 있는 한, 가정은 희망과 생기 넘치는 곳이 될 것입니다.

적절한 타이밍, 진솔한 소통

부모와 자녀의 소통을 다루는 책이나 강의에서 공통적으로 강조하는 말이 있습니다. 부모가 해야 할 일과 하지 말아야 할 일이 비교적 간단하다는 것입니다. 해야 할 일은 ‘경청’과 ‘공감’이고, 하지 말아야 할 일은 ‘비난과 추궁’, ‘잔소리’, ‘이중 메시지’입니다.

우리는 이미 충분히 잘 알고 있는 부분이지만 행동으로 옮기기가 어렵습니다. 바쁘게 하루를 살다 보면 나도 모르게 아이에게 강요의 말을 하게 되고, 소리를 지르기도 하며, 아이의 의견을 무시하기 일쑤입니다. 좋은 관계를 유지할 수 있도록 의식적으로 노력하고 훈련하는 수밖에 없습니다.

부모와 자녀 사이에 가장 쉬우면서도 어려운 게 ’공감‘입니다. 동감과 공감은 다릅니다. 동감은 상대와 같은 감정과 생각을 가지는 것이고, 공감은 상대가 세상을 바라보는 방식으로 보는 것입니다.

그러므로 공감은 상당히 인지적인 노력이 필요합니다. 공감을 하려면 먼저 상대를 알아야 하고 상대가 처한 상황이 어떠한지 질문이 필요하고 관찰과 생각이 필요합니다. 잘 모르거나 와닿지 않을 때는 지레짐작하거나 추측하지 말고 물어보는 게 좋습니다.

물론 아이의 잘못된 행동조차 동감과 공감으로 넘어가서는 안됩니다. 바로 잡는 것이 교육이지요. 이때 적절한 타이밍이 필요합니다. 그 타이밍을 잡기 위해서는 아이의 생활을 잘 이해하고 있어야 합니다. 최소한 아이가 언제 공부하고 언제 쉬는지, 학교 행사와 학사 일정은 어떻게 되고, 친구 관계는 어떤지 알고 있어야 합니다. 그래야 공부하다가 잠든 아이에게 "맨날 잠만 자냐?"라는 속 뒤집는 소리는 하지 않게 되겠지요.

아이와 대화할 때도 에둘러 표현하기보다 솔직하게 물어보는 편이 좋습니다. 주변 친구들이 이성 친구를 사귀고 담배와 술을 시작했다는 말을 들으면 내 아이도 걱정됩니다. 이때 에둘러 떠보는 부모들이 있습니다.

"엄마 친구 아들 주영이는 이번에 여자친구 사귀면서 성적이 크게 떨어져서 무척 속상해하던데, 너는 딴짓 안 해서 다행이야."

아니면 아예 엄포부터 놓기도 합니다.

"남자친구 사귀기만 해 봐. 성적 떨어지고 대학도 못 가고 나중에 취직이나 되는 줄 알아? 그땐 너 아주 인생 망치는 거야."

이렇게 대화가 흘러가면 아이는 어떤 생각을 할까요? 아마 '앞으로 엄마에게는 내 생각을 절대 말하지 말아야겠어.', '우리 엄마는 꽉 막혔어. 절대 들키지 말자.' 하고 감추는 데 급급할 것입니다. 아이가 걱정된다면 솔직하게 물어보세요.

"너, 담배 피우고 싶은 적 없었니?"

"이성 친구에게 관심 생긴 적 없었어?"

물론 뜬금없이 형사가 범인 추궁하듯이 하는 게 아니라 아이의 상태를 잘 관찰하면서 전체적인 분위기와 상황을 살피고 진솔하게 마음을 나눌 시간과 공간을 확보한 상태여야겠지요. 그래야 아이의 생각과 욕구 등을 파악할 수 있습니다. 아이 입장에서 공감하고 보듬으려면 먼저 이야기만 잘 들어줘도 관계가 호전됩니다. 있는 그대로 봐주고, 들어주는 게 중요합니다. 말은 부드러운데, 눈빛이나 표정 등 몸짓 언어가 다른 말을 하고 있는 이중 메시지를 띄운다면 아이들은 혼란스러워집니다.

부모와 자녀 간에 평소 어떻게 대화를 주고받고 소통하는지 스마트폰으로 녹음해서 들어보길 추천합니다. 가끔 TV에서 전문가가 육아 솔루션을 내줄 때 영상을 먼저 보고 분석하는 것처럼 아이의 모습을 제삼자의 입장으로 관찰하면서 아이와 나의 대화 습관에 대해 객관적으로 분석하는 기회가 될 수 있습니다.

행복한 인생은 부모로부터 시작된다

어린 시절 받은 양육과 교육은 평생 내 안에 잠재될 무의식을 만듭니다. 무의식은 부모의 반복된 행동 패턴, 말투, 억양, 심리적 전이 등이 가랑비에 옷 젖듯이 지속해서 오랜 시간 동안 영향력을 미칠 때 형성됩니다. 학자들과 전문가들은 특히 5~10세 시기를 주목하고 늦어도 14세 이전, 즉, 초등 시기를 강조합니다.

중학교는 '인생 대본'이 형성되는 시기입니다. '인생 대본'이란 자신의 인생이 어떻게 흘러갈 것이라는 방향성과 태도 등을 보여 주는 것입니다. 초등학교 시기는 인생 대본의 밑바탕이 되는 중요한 시기로 이때 자리 잡은 '긍정적인 자기 인식'과 '건강한 인성'이 평생을 따라다닙니다. 반면, 이 시기를 놓치면 인성의 요소를 키우는 데에 더 많은 시간과 노력을 필요로 합니다. 아울러 부모나 주 양육자 또는 중요한 의미 있는 존재가 아이에게 '존중이 결여된 파괴적인 메시지'를 반복적으로 전달한다면 성인이 되어서도 영향을 미치게 됩니다.

아이들에게는 누구나 무엇이든 될 수 있는 '잠재력'이 내재되어 있습니다. 이루어 낼 수 있는 시간과 기회도 충분합니다. 그런데 '난 안 될 거야.'라는 부정적인 생각이 내면에 계속 쌓이게 된다면 아이는 살면서 이 내면의 파괴적인 목소리와 논쟁해야 합니다. 얼마나 괴로울까요? 유명한 정신분석학자 지그문트 프로이트Sigmund Freud는 언어의 힘에 대하여 이런 말을 했습니다.

"언어와 마법은 완전히 동일한 것이다."

마법사는 어떤 대상과 존재를 변화시키는 것이 '언어'라는 것을 아주 잘 알고 있는 사람입니다. 마법사의 신비한 힘이란 결국 그 어떤 기법이 아니라 인간의 무의식을 조종하는 주문, 결국 언어였던 것이죠. 마법사는 다른 사람의 잠재의식, 무의식의 에너지를 움직이는 언어의 사용법을 알고 있는 존재입니다.

부모는 아이의 인생에 위대한 마법을 걸 수 있습니다. 그건 바로 매일 긍정의 언어를 아이 마음 밭에 잘 뿌리는 것이죠. 그러면 분명 아이의 마음 밭에서 씨앗은 잘 자라 열매를 맺을 것입니다.

아이들은 기분이 상하거나 상황이 불리할 때, 마음먹은 대로 일이 진행되지 않을 때 감정을 직접적으로 드러냅니다. 아예 말문을 닫는 경우도 있으나 대다수 직설적인 어휘로 욕이나 거친 불만을 내뱉습니다. 이때 부모가 이를 나무라는 것은 불난 데 부채질하는 격이 됩니다. 아이의 변화된 모습이 당황스럽더라도 먼저 아이의 심리에 동의해줘야 합니다.

"짜증이 났구나."
"화낼 만하네."
"내가 네 기분을 몰랐구나."

이렇게 말하고 아이에게 잠시 생각할 시간을 주세요. 아이가 자신의 감정을 추스를 시간입니다. 아이와 같이 감정이 격해지거나 화난 감정을 억누르려는 질타나 감정을 조절하라는 조언은 실효를 거두지 못합니다.

문제는 아이와 대화를 나누다 감정이 고조되는 경우입니다. 아이가 사소한 일에 예민함을 드러내거나 날카롭게 쏘아붙일 때도 먼저 아이의 감정을 읽어주세요. 그러면 아이도 부모가 인내하고 노력하는 모습을 느낍니다.

또한 구체적 '사실'만 가지고 말하는 게 중요합니다. 추상적인 표현은 감정을 격화시키고 노골적 질타로 받아들일 수 있습니다. 예를 들면 "지금 놀 시간이 어딨니?" 이런 말은 부정적인 표현으로 화가

났다는 어감이 그대로 전달됩니다. 이럴 때는 "시험이 이틀밖에 남지 않았구나."라고 말한다면 어떨까요. 표면적인 시험이 코앞에 닥쳤다는 현실만 전달하는 것입니다. 듣는 순간 기분이 나빠지지 않습니다.

자주 화를 내는 아이의 인성은 바르게 정착될 리 없습니다. 화를 거르고 온화한 마음을 유도하는 것이 부모의 바른 교육입니다.

우리 집만의 지속 가능한 인성교육

대다수 부모가 인성교육을 어려워하고 부담스러워합니다. 저 또한 그렇지만 저는 저만의 편한 방법, 익숙한 방법으로 인성교육을 실천하고 있습니다. 불편하고 어렵고 힘든 인성교육은 오래가지 못합니다. 각 가정마다 처한 상황과 여건, 문화가 모두 다릅니다. 그러므로 우리 집만의 알맞은 자연스러운 방법으로 이뤄져야 합니다.

운동을 좋아하는 가정이라면 함께 주기적인 운동을 통해 또는 아이의 스포츠 활동을 적극적으로 지지함으로써 그 속에서 인성을 키워 줄 수 있습니다. 어떤 가족은 겨울에는 스키와 스노보드를 즐기고 평소에는 조깅과 쓰레기 줍기인 플로깅plogging 활동으로 환경도 보호합니다. 가족끼리 단거리 마라톤에 참가하여 끈기를 키우기도 합니다.

음악 감상을 좋아하는 가족이라면 클래식과 아이가 좋아하는 K-POP을 함께 들으며 서로 가수와 곡을 소개하면서 노래 가사를 통해 서로의 감흥을 나눌 수도 있습니다. 유튜브를 통해 옛 노래와 팝송으로 자녀와 감성적으로 풍부하게 소통하고 아이가 좋아하는 아이돌 그룹의 콘서트 티켓을 미리 끊어 깜짝 선물도 하며 콘서트장에 함께 가기도 합니다. 한 학생은 비틀즈와 오아시스, 콜드플레이를 아주 잘 알기에 물어보니 부모님이 좋아해서 같이 가사를 해석하며 들어서 알게 되었답니다.

영화를 좋아하는 가족이라면 함께 영화를 보며 등장하는 인물들의 상황과 처지, 심리를 들여다보는 활동을 통해 바른 인성과 공감력 그리고 인문학적 소양을 기를 수 있습니다.

밥상머리 교육도 좋습니다. 주말 아침 식사는 아이들이 브런치를 만들어 부모님께 대접할 수도 있겠죠? 샌드위치와 샐러드, 토스트, 주먹밥 등을 만들어 부모님과 함께 나누며 대화의 시간을 가져 보세요.

봉사활동은 인성을 길러주기에 가장 좋은 교육입니다. 연탄 봉사나 도시락 배달 봉사, 고아원이나 양로원 봉사, 기부활동에 가족이 함께 참여해 보세요.

하지만 이러한 활동들이 이벤트성, 일회성 교육이라면 한계가 있습니다. 혹 아이들의 반감만 불러일으킬 수도 있습니다. 부모의 취미에 맞춘 일방적인 결정도 안 됩니다. 부모가 좋아하니 아이도 당연히 좋아할 것이라는 논리는 어불성설입니다. 아이들이 즐거워할 수 있는 일에 포인트를 맞춰 보세요. 대화를 통해 합의점을 찾아도 좋습니다. 한번은 영화를 보고, 한번은 운동을 하는 식으로 결정할 수도 있습니다. 이를 통해 아이는 양보와 타협을 배우게 됩니다.

부모와 함께 하는 활동에 친구를 초대하는 기회를 마련해 주면 일거양득입니다. 친구 관계도 알 수 있거니와 아이의 자부심도 높여줄 수 있고 친구와 유대감을 키워줄 수도 있습니다. 이것이 여의치 않으면 동아리 활동 지원이나 소규모 모임에 협찬해 주는 방법도 있습니다. 조부모님 댁 방문이나 종교활동도 아주 유용합니다. 결속력을 다지는 기회가 마련되는 것이니까요. 그러나 이 또한 마찬가지로 의무적으로 감행해서는 안 되겠지요.

지속해서 할 수 있는 우리 가정만의 창의적인 인성교육 방법을 찾는 게 좋습니다. 부모와 자녀에게 가장 쉽고 편한, 즉, '지속 가능한 인성교육'이 이뤄질 때 비로소 따뜻한 우리 가족만의 소중한 일상과 빛나는 라이프스타일을 만들어 나갈 수 있습니다.

행복한 성공을 위한 인성 씨앗 2

버락 오바마의 밥상머리 교육

개천에서 용 나는 현실은 사라졌습니다. 부모의 경제력이 아이의 성적과 성공에 큰 영향을 미친다고 합니다. 이러한 현상은 우리나라에만 국한된 이야기일까요. 부모의 경제력은 아이들의 학업성취도에 어떤 영향을 미칠까요?

미국 뉴욕 대학과 콜롬비아 대학의 연구진은 부모의 경제력이 아이들의 인지발달과 문제행동에 어떤 영향을 미치는지 조사했습니다. 연구 결과 예상대로 고소득 가정의 아이들이 인지력이 더 높았고 문제행동은 훨씬 적었습니다.

중요한 것은 왜 그런지 그 이유를 구체적으로 살펴보는 것입니다. 경제력이 있는 부모들은 아이들에게 더 많은 기회를 제공합니다. 좋은 장난감과 교구 그리고 좋은 교육기관과 교사와의 만남 또 소위 말하는 견문을 넓히는 문화 예술 활동의 기회 등입니다.

하지만 저소득층 아이들 중에서 인지 능력이 떨어지고 문제행동이 나타나는 이유는 다양한 기회 제공 부족이 아니라고 합니다. 경제적인 압박감과 불안, 염려 등 정서적 요인이 아이에게 부정적 영향을 끼친다는 것입니다. 한마디로 비싸고 좋은 교구, 학원, 여러 활동 등 물질적 지원이 직접적인 변수가 아니라 가족의 화목과 평안함이 중요한 요인이었습니다. 저소득층 가정은 경제적 불안감으로 정서가 불안정했으며 부부싸움이 잦았고 체벌의 빈도도 높았습니다. 또 소득이 낮을수록 가족 간 대화가 부족하고 자녀에게 지시와 명령하는 어투를 많이 사용했습니다.

그렇다면 형편이 좋든 그렇지 않든 자신이 처한 상황과 환경을 떠나서 가족의 화목과 부모와 자녀의 친밀함으로 교육적 효과를 높일 수 있는 교육 방법은 무엇일까요? 바로 '밥상머리 교육'입니다. 밥상머리 교육의 예시를 잘 보여 주는 사람이 있습니다. 미국의 첫 흑인 대통령인 버락 오바마입니다. 그의 아내 미셸은 한 인터뷰에서 이렇게 말했습니다.

"어떤 일이 있어도 남편은 가족과의 저녁 식사 시간을 따로 냅니다. 매일 오후 6시 반이면 사무실에서 올라와 식탁에 앉습니다."

미국 역대 대통령 중에 가장 가정적이라고 평가받는 오바마 전 대통령은 어떤 계기로 이런 밥상머리 교육을 실천하게 되었을까요?

그의 인생 이야기를 들어보면 오히려 성공하기 힘든 불우한 가정 환경을 알 수 있습니다. 두 살 때 이혼한 케냐 출신의 흑인 아버지와 백인 어머니, 새아버지와 지낸 인도네시아에서의 어린 시절, 하와이 외가에서 외조부모님과 지냈던 청소년 시절 등 오바마에게는 우리가 생각하는 아늑하고 행복한 가정환경은 거의 없었다고 해도 과언이 아닙니다.

오바마는 두 살 때 친아버지와 헤어지고 여섯 살 때 재혼한 새아버지를 따라 인도네시아에서 살았습니다. 그곳에서 형편이 넉넉한 편이 아니었기에 어머니는 일을 해야 했습니다. 그녀는 출근 전 새벽 4시부터 오바마를 깨워 함께 세 시간씩 영어공부를 했습니다. 그리고 아침 식사 시간을 통해 바쁜 워킹맘인데도 불구하고 어린 아들과의 소통을 빠뜨리지 않았습니다. 매일 새벽 4시에 일어나 어린 아들과 함께 공부하고 밥을 먹으면서 대화하는 게 절대 쉽지 않았을 것입니다.

결국, 이 시간의 공부와 식사는 그냥 공부와 아침밥이 아니라 정서적 안정감과 성공적인 삶을 위한 습관과 태도를 견고하게 형성하는 밑바탕이 되는 시간들이었습니다. 위대한 미국의 첫 흑인 대통령인 오바마는 어쩌면 어머니의 사랑과 열정이 차곡차곡 쌓여 열매를 맺은 것인지도 모릅니다.

이처럼 바쁜 와중에도 시간을 만들어 내어 함께 공부하고 식사하며 소통하는 가족 문화는 하루아침에 이뤄지는 게 아닙니다. 밥상머리 교육의 가치를 누구보다 잘 알았던 오바마였기에 그는 자신의 두 자녀와 아침 식사를 함께하고자 백악관 국무회의 시간을 조정하기도 하면서 밥상머리 자녀교육을 실천한 것입니다.

요즘은 가족 모두 바쁜 생활로 함께 밥 먹는 시간을 만들기도 쉽지 않고 식사시간조차도 각자 스마트폰을 보며 밥 먹는 시대라 이런 밥상머리 교육이 쉽지 않습니다. 가족이 서로 겉돌고 친밀감이 없는 상태에서 공부를 잘하라고 강요하는 것은 우선순위가 잘못된 것입니다. 이제 각자의 바쁜 스케줄을 가지치기하여 가족이 함께 소통하는 진정한 밥상머리 교육을 실천해 보는 것은 어떨까요?

3장

성공적인 인생으로 이끄는 자기조절력

인성과 도덕이 없는 교육은

아무리 유용하더라도

단지 사람을 똑똑한 악마로 만들 뿐이다.

C.S. 루이스C.S. Lewis**, 작가**

인생의 결정적인 순간을 좌우하는 자기조절력

요즘은 우리나라도 마약 관련 뉴스가 자주 나옵니다. 재벌 3세부터 연예인 심지어 일반인이 마약 투약 후에 각종 사고를 내는 범죄 뉴스까지 쉽게 접합니다.

10대 시절 부모와 헤어져 미국으로 조기유학을 간 학생이 있었습니다. 하루는 친구가 마약을 꺼내며 "너도 해 볼래?" 하는 말에 자기도 모르게 손을 내미는 순간 뒤에서 뭔가 확 잡아당기는 느낌이 들면서 정신이 번쩍 들었다고 합니다.

아무도 보지 않지만 내 안에 지켜야 할 '선'이 있다는 '마음의 파수꾼'을 의식하는 것과 그렇지 않은 것은 향후 인생을 어떤 삶으로 이끌게 되는지 큰 격차를 만듭니다.

'양심'과 '자기조절력'이야말로 인생의 결정적인 순간에 얼마나 중요한 역할을 하는지 우리는 이미 잘 알고 있습니다. '선'을 지키는 것은 인간이 인간다울 수 있고 더 이상 불행한 삶을 살지 않도록 막아주는 브레이크 역할을 합니다. 그런데 요즘은 이러한 '선'을 아무렇지 않게 넘는 것은 물론이고 아예 이러한 선 자체가 없는 사람들이 점점 늘어나고 있습니다. '분노 범죄'도 자기조절력이 부족해 선을 넘어 생기는 범죄로 점차 증가하는 추세입니다. 별것 아닌 일에도 순간의 화를 참지 못해 욱해서 극단적으로 분노를 표출해 폭력을 행사하고 때론 무자비하고 잔인하게 사람을 죽이기까지 하는 감정 조절 장애가 갈수록 늘고 있습니다. 실제 교육 현장에서도 실감합니다.

"예전에는 다루기 힘든 아이가 한 반에 한두 명 정도밖에 없었다면 지금은 너무 많아요."

자기중심적이고 이기적인 것을 넘어서서 욱하는 분노 조절 장애 아이들도 갈수록 많아지고 있어서 괴롭다고 토로합니다.

우리는 압니다. 이 세상은 어떤 영역에서든지 분명 지켜야 할 '선'이 있다는 것을. 내 마음대로 멋대로 살 수 없다는 것을. 인간은 누구나 욕구가 있습니다. 하지만 모두가 그 욕구를 날것 그대로 행동에 옮기고 표출하지는 않습니다. 이 세상을 무법천지로 만들지 않는 근본은 바로 인간에게 자제력이라고 부르는 '자기조절력'이 존재하기 때문입니다.

자기조절력은 말 그대로 신체와 감정을 통제하고 조절하는 능력입니다. 뇌과학적 영역과 정신분석학적·심리적 영역을 골고루 살펴야 합니다. 먼저 뇌과학적 측면에서 살펴보면, 신경정신과 의사이자 뇌과학 전문가인 이시형 박사는 감정 조절을 담당하는 뇌의 전전두엽, 그중에서도 눈 부위 바로 위에 넓게 펼쳐진 안와전두피질OFC을 중요하게 봅니다.

전전두엽은 사고와 행동의 사령탑으로 모든 감각기관에서 들어온 정보를 분석하고 통합해 가장 적절한 사고와 행동을 도출하는 부위입니다. 안와전두피질 역시 적절한 외부 자극을 통해 발달합니다. 즉, 안정된 애착과 신뢰에서 오는 촉진적 자극, 그리고 적절한 제지와 억제를 통한 자극으로 발달하는데 다른 뇌의 영역과 마찬가지로 적절한 자극이 주어지지 않으면 발달하지 못한다고 합니다.

특히 자기조절력은 태어나서 만 3세까지 토대가 만들어지고 7세 안팎으로 발달하는데 평생의 자기조절력이 이 시기에 결정된다고 합니다. 우리가 흔히 쓰는 '세 살 버릇 여든까지 간다'라는 말이 여기서 나오는 것인지도 모릅니다.

다음으로 자기조절력을 정신분석적 측면에서 보면 '초자아' 영역을 잘 알아야 합니다. 초자아라는 개념은 지그문트 프로이트가 말한 것으로 프로이트는 초자아를 '자신의 행동에 스스로 선악의 판단을 내리게 함으로써 그 행동을 발전시키거나 반대로 제약하는 것'이라고 정의 내립니다.

초자아는 '선악의 판단'을 내리는 기준대로 어떤 것이 좋은지 나쁜지 선택해서 행동하기에 일단 판단의 기준이 선행되어야 하죠. 나쁜 것은 자제하고, 좋은 것은 계속해도 되는 것으로 여깁니다. 그래서 자기조절력이라는 눈에 보이는 힘 이전에 선악의 판단을 제대로 할 수 있는지를 살펴보아야 합니다. 아직 선과 악의 기준이 제대로 자리잡히지 않은 아이가 자신의 행동을 제대로 조절하지 못하는 것은 어찌 보면 당연합니다. 자기조절력은 무엇이 옳은지 그른지 선악의 판단을 하는 도덕성과 함께 다닙니다.

우리가 흔히 쓰는 '자기 통제'와 '자기조절'이라는 말도 약간 다릅니다. 자기 통제는 충동을 강제로 억제하는 것인 반면, 자기조절은 능동적으로 충동의 원인까지 찾아내 그 충동의 강도를 낮추고, 이겨낼 수 있는 에너지를 채우는 것까지를 말합니다. 즉, '회복탄력성'을 포함한 개념입니다. 그래서 자기 통제보다는 자기조절이 회복탄력성까지 조화된 것으로 궁극적으로는 아이가 갖춰야 할 이상적인 비인지 능력입니다.

열 살 이전에
'자기조절력'을 키워라

사회가 발전함에 따라 각 개인의 자유와 인권에 대한 인식이 높아지고 있습니다. 특히 아동 인권에 관한 관심은 더욱 커지고 있습니다. 자녀는 부모의 부속품이 아니며 인격과 인권을 가진 독립된 존재로 존중받아야 하는 존재로 인식이 바뀌고 있습니다.

아동 인권에 대한 중요성과 가치가 향상되고 있다는 것은 올바른 현상으로 우리 사회가 나아지고 있다는 것입니다. 하지만 그렇다고 가정의 중심을 아이에게 두라는 말은 아닙니다. 아이가 원하는 대로 들어주는 것이 아이의 인격과 인권을 존중하는 길이라고 여기는 것은 착각입니다.

특히 자녀가 옳지 않은 행동을 했을 때 '안 돼'라는 말조차 못 하는 부모들이 있습니다. '안 된다'라는 말이 내 자식 기를 죽이고 혹 자존감에 상처를 주지나 않을까 걱정하는 것이지요. 어릴 때부터 '넌 뭐든 될 수 있고, 뭐든 할 수 있고, 뭐든 가질 수 있으니 하고 싶은 대로 다 하라'는 분위기에서 성장한 아이는 오로지 자기 자신밖에 모릅니다. 자기중심적인 사람으로 성장해 나중에 사회생활이나 대인관계에 부정적인 영향을 미칠 수 있습니다.

애착을 잘 형성하는 것도 중요하지만 애착을 건강하고 지혜롭게 분리하는 것도 중요합니다. 자녀가 커갈수록 부모의 통제는 반비례해서 서서히 멀어지는 게 좋습니다. 아이가 자랄수록 차라리 방목하는 게 헬리콥터맘처럼 집착하는 것보다 훨씬 낫습니다. 어릴 때는 끈끈한 애착으로 애정이 넘침과 동시에 커가면서 서서히 애착을 분리해야 합니다.

그런데 이와 반대로 아이를 키우는 부모들이 있습니다. 어릴 때는 귀엽고 예쁘다며 오냐오냐 다 받아주다가 아이가 청소년이 되면 그제야 잔소리하며 통제하려고 합니다. 열 살 넘은 아이에게 너무 산만하고 제멋대로이고 고집스럽다며 그제야 여러 규칙을 세우고 아이에게 지키라고 강요합니다.

자녀가 어릴 때 자기조절력을 길러 주세요. 자기조절력은 어느 정도 타고나는 부분도 있지만, 부모의 양육과 교육 방식에 따라 충분히 발달할 수 있습니다. 전문가들은 세 살부터 열 살 이전이 자기조절력을 향상시킬 수 있는 적기라고 말합니다.

어릴 때부터 구체적인 원칙과 규칙을 정해서 일관되게 부모가 먼저 약속을 지키는 모습을 보이고 함께 지켜가는 과정이 필요합니다. 하지만 말처럼 쉽지 않습니다. 울고불고 생떼를 부리면 부모도 지치기 마련입니다. 스마트폰을 쥐여 줘야 겨우 밥을 먹는 아이의 고집을 감당하기 힘들어 어쩔 수 없이 스마트폰을 주고 맙니다. 아이가 영상을 보느라 밥을 먹지 않으면 떠먹여 주는 부모, 아이가 조금만 짜증 내도 요구를 다 들어주는 부모는 결국 아이를 폭군으로 만드는 셈입니다.

자기조절력은 자기감정이나 태도, 행동과 관계를 목표나 상태에 맞춰 실행해 나가야 하므로 자신을 통제하고 제어할 줄 알아야 합니다. 유아기나 아동기 때부터 일상생활에서 습관처럼 기를 수 있는 훈련법이 있으니 실천해 보세요.

먼저, 자신이 할 일을 스스로 정하게 합니다. 밥을 어느 정도 먹겠는지, 책을 몇 권 읽겠는지, 악기 연습은 몇 분 동안 하겠다든지, 게임은 언제 얼마 동안 할 것인지, 문제집은 몇 장 풀 것인지, 숙제는 언제 할 것인지 아이 스스로 자기 할 일 혹은 하고 싶은 일을 정하는 것입니다. 이때 과도한 욕심을 부린다면 처음부터 제재하지 마시고 들어주세요. 그리고 그것을 꼭 이루도록 해야 합니다. 자신이 정한 약속이니까요. 그로 인해 끈기와 인내, 책임감을 배울 수 있습니다.

장기적인 목표를 세웠다면 목표를 향해가는 과정의 전략도 세울 필요가 있습니다. '어떤 방법'으로 '어떻게' 할 것인지 스스로 고민하게 만드는 것입니다. 전략이 구체적이라면 칭찬을 아끼지 마세요. 그만큼 목표를 이루고 싶은 의지가 강하다는 뜻이니까요.

그런데 계획을 처음 세우는 아이들은 '대충'이나 '열심히' 등 전략이 모호하고 세부적인 내용이 없는 경우가 많습니다. 이때는 부모님이 질문을 던져 아이 생각을 유도하면 됩니다. 수학 점수를 올리겠다는 아이에게 "하루에 얼마나 공부해야 할까?", "시험 보기 전까지 문제집을 몇 권 풀 예정이니?" 정도의 질문이면 됩니다. 목표만 있고 실천 방법이 없는 아이들에게 효과적입니다. 이렇게 구체적으로 전략을 짜는 연습을 하면 아이는 다음의 목표를 정하고 세부 계획까지 스스로 완성하게 됩니다.

자기조절력 형성에서 중요한 지점은 '점검'입니다. 아이가 아동기에서 청소년기로 성장하면 스스로 목표를 달성하기 위한 과정과 완성도를 체크하게 합니다. 유년기나 초등학생의 아이들은 장기 목표의 경우 계획대로 실천하기가 어렵습니다. 그래서 부모의 점검이 필요합니다. 이때 유의할 점은 감시나 감독이 되어서는 안 된다는 것입니다. 그저 '네가 그 일을 해내는 것을 보고 싶다'는 정도의 응원 메시지만 전달하면 됩니다. "생각만큼 잘 되어가니?", "지금처럼 목표에 집중하면 가능하겠다."처럼 힘을 실어주는 말을 해 주세요.

이후 성과를 확인하고 마무리합니다. 결과가 좋든 나쁘든 최선을 다했다면 기쁜 마음으로 성과를 받아들입니다. 그래야만 다음 목표에 도전 의지를 갖게 되며 잘못된 부분을 분석하고 찾아냅니다. 그렇지 않고 부정적으로 결과를 받아들인다면 실패가 두려워 도전력이 약해집니다. 목표 달성 여부에 상관없이 아이가 과정을 성실하게 수행했다면 그에 상응하는 상을 주는 것도 다음을 위한 동기부여가 됩니다.

결국, 자기조절력은 반복된 훈련을 통해 길러집니다. 단번에 완성되지도 않지요. 아이가 자라면서 체득되는 것입니다. 그 과정을 지켜봐 주고 응원해 주어야 합니다. 때로는 지치지 않도록 힘도 실어 주어야겠지요. 열 살 이전에 자기조절력이 완성된다면 부모의 역할은 충분히 훌륭하게 해내고 계시는 겁니다.

감정은 받아 주되
행동은 바로잡는다

아이를 존중한다는 것은 부모의 생각을 강요하거나 억압하지 않고 아이의 생각과 감정을 이해하고 '그럴 수 있다'고 믿어 주고 인정해 주는 것입니다. 독립된 인격체로서 존중해 주고, 자신의 일을 자신감 있게 선택하고 추진해 나가도록 격려하고 지지해 주는 것이 자립심과 조절력을 키우는 데 도움이 됩니다.

그런데 너무 허용적인 부모는 아이가 잘못했거나 문제행동을 보일 때 아이의 행동을 수정하기보다는 아이에게 맞추면서 그저 허용 범위만 넓혀 갑니다. 이렇게 하는 것이 아이에게도 좋고 가정의 평화에도 좋다고 여깁니다. 이런 일이 반복되다 보면 아이는 자기 욕구대로 모든 것을 해야 직성이 풀리게 됩니다.

아동청소년정신의학과 전문의인 오은영 박사는 아이들은 너무 자유롭고 허용적일 때 오히려 굉장히 혼란스럽고 스트레스를 받을 수 있으므로 적절한 통제와 훈육이 안정감을 준다고 말했습니다.

저는 한동안 뉴질랜드에서 생활한 적이 있었습니다. 시내에서 조금만 차를 타고 나가도 길가에 얼마나 양이 많던지요. 정말 사람보다 더 많은 게 소와 양 같았습니다. 그 양들이 푸른 초원 곳곳에서 방목하는 모습이 참 신기했습니다. 그런데 그 넓은 곳에서도 양은 자신의 활동 반경을 아는 것처럼 울타리의 경계를 지켰습니다. 양들은 평화로운 푸른 초원, 울타리 안에서는 마음 놓고 뛰어다니며 풀을 뜯고 여기저기 활발하게 돌아다닙니다. 생존의 위협 없이 안정감을 느끼고 배도 불러 참 만족스럽고 평안한 모습입니다. 이때는 목자가 나설 필요가 없지요. 그런데 양들이 울타리 밖으로 나가기라도 하면 목자는 양을 울타리 안에 데려다 놔야 할 책임과 의무가 있습니다. 그렇지 않으면 양은 길을 잃고 헤매다 맹수한테 잡아먹히거나 다치거나 굶어 죽을 수도 있습니다.

아이들도 양과 마찬가지로 경계 안에서는 자유롭게 키워야 합니다. '자유롭게'에 방점을 찍되 울타리 역할을 하는 '기준'과 '원칙'이 없으면 아이들은 막막하고 불안해합니다. 감정은 받아 주되 잘못된 행동은 수정해 줍니다.

실제로 상담을 다니면서 여러 학생을 만나 보면 똑똑하고 근본은 괜찮은데 의외로 짜증과 욱하며 화를 잘 내는 아이들이 많았습니다. 적절한 기준과 규칙을 배우지 못해 모난 아이들을 보면서 무척 안타깝기도 했습니다. 이다음에 사회에 나가 부대끼며 배우고 깨우치려면 더 아프고 괴롭겠지요. 어릴 때는 나이가 어려서라고 이해를 받을 수도 있겠지만, 성인이 되었을 때 도덕성 결여와 반사회적 성향이라도 나타난다면 사회로부터 '분리 조치'를 당할 수도 있습니다.

부모는 'No'라고 해야 할 때 단호하게 말할 수 있는 지혜와 용기를 가져야 합니다. '안 돼, 기다려, 멈춰!'라는 말이 오히려 경계를 명확히 해 줘 안정감을 줄 수 있습니다. 이때 아이의 긍정적인 정서를 회복시켜 주고 행동은 구체적이고 명확하게 수정해 주는 게 좋습니다. 모호하고 추상적으로 그저 "착하게 해야지. 잘해야지. 예쁘게 해야지." 이런 식으로 말하면 아이는 혼란스럽고 어렵습니다. 착하다는 것, 잘 한다는 것, 예쁘게 해야 한다는 것은 기준도 없고 원칙도 없습니다. 그저 너른 벌판에 아이를 풀어놓고 멀리 나가면 위험하다고 말하는 꼴입니다. 아이는 그 '먼 곳'이 어디쯤인지 가늠할 수 없습니다. 이때 부모는 명확한 울타리를 세워주는 것이 중요합니다.

'금지 - 제한 - 한계 - 지침'의 방식으로 아이에게 구체적으로 동사형을 써서 안내해 주면 아이의 자기조절력을 키우는 토대가 마련됩니다. 특히 공공장소나 타인과 관계 맺음에서는 더욱 중요해집니다. 자신의 말과 행동을 하기에 앞서 다른 사람을 먼저 배려하고 고

려해야 하기 때문입니다.

자신에게 주어진 자유 안에서 스스로 자제력을 발휘하기 위해서는 엄청난 용기가 필요합니다. 어른들은 교육과 훈련으로 가능하지만 아이들은 아직 익숙하지 않을뿐더러 자기 위주의 생각을 먼저 하기 때문입니다. 이때 아이의 행동으로 야기될 수 있는 피해와 타인의 고통을 알려 주세요. 그래야만 자신을 통제하고 자유의 한계를 깨닫고 스스로 제한합니다. 이것이 인성이 바르고 곧은 아이로 자라게 되는 첫걸음입니다.

비주얼 타이머를 활용해
자기조절력 키우기

자기조절력은 진정으로 간절히 바라는 욕구와 순간적인 욕구를 구분하고 얼마나 참고 인내할 수 있는지를 나타냅니다. 자기조절력을 설명할 때 '마시멜로 실험'이 자주 응용됩니다. 실험 결과를 보는 시각도 다양하고 때로는 비판도 하지만 '미래를 위해 작은 것을 참는 힘, 만족을 지연시키는 힘'이 중요하다는 것은 모두 인정합니다.

욕구를 느끼는 뇌의 영역은 태어난 후 바로 발달하지만, 욕구의 억제를 담당하는 전두엽의 발달은 시간이 좀 더 걸립니다. 전두엽의 신경세포 수는 만 3세부터 7세 사이에 급속도로 늘어납니다. 이 무렵부터 욕구를 조절할 수 있게 되면서 우리가 잘 아는 마시멜로 실험을 통과할 수 있는 기본 저력을 갖추게 되는 것이죠.

아이들은 어른에 비해 인내력이 약합니다. 미래의 더 큰 보상을 위해 지금의 작은 인내가 필요하며 어린 시절부터 훈련이 되어 있는 아이들은 확실히 성공할 확률이 높습니다.

조절력은 근육과도 같아서 사용하면 할수록 단련됩니다. 그러므로 무리하지 않는 선에서 자녀에게 인내하고 참는 습관을 들일 수 있게 방법을 고민해야 합니다. 가장 쉽게 일상에서 사용하는 방법은 '비주얼 타이머'를 활용해 아이들이 시간을 시각적으로 확인하며 기다릴 수 있도록 하는 것입니다. 아이들은 기약 없이 마냥 기다리라고 하면 못 견딥니다.

"10분만 기다렸다가 같이 마트에 가자."

이때 10분이라는 시간의 양을 직접 볼 수 있도록 비주얼 타이머를 활용하면 좋습니다. 구글에서 무료 애플리케이션을 이용할 수도 있습니다. 이 방법은 자기주도학습 습관을 형성하는 데도 유용하게 쓰입니다. 집중력이 약한 아이들은 15분 공부법을 실천해 보면 좋습니다. 15분 공부법은 '정리하기 5분 - 내용 이해 5분 - 암기 5분' 이렇게 시간을 나눠서 하는 공부로 두 세트를 하면 두 과목을 30분 자습하게 되는 것입니다. 그러면서 동시에 집중력도 훈련할 수 있습니다.

일상에서 자연스럽게 자기조절의 성품을 키워 줄 수 있는 예시로 우리가 매년 맞이하는 크리스마스도 훈련의 기회가 됩니다.

먼저 아이와 함께 예쁘게 크리스마스트리를 장식합니다. 그리고 이렇게 제안합니다.

“크리스마스 일주일 전부터 선물을 트리 아래 둘 거야. 그런데 첫날은 선물을 1개 놓을 거고, 그다음 날 2개, 그다음 날은 3개 이렇게 트리 밑에 선물이 점점 쌓일 거야. 단 조건이 있어. 선물을 미리 뜯어보면 다음 날부터는 선물을 받을 수 없어. 어때 해 보겠니?”

알록달록한 아름다운 크리스마스트리 앞에 늘어나는 선물 상자를 보며 아이들은 당장이라도 포장을 뜯어보고 싶어 안달이 날 것입니다. 그런데 참으면 날마다 선물이 1개씩 더 늘어난다고 하니 나름 내적 갈등도 심하겠지요. 드디어 오랜 인고의 시간 끝에 크리스마스 날 온 가족이 함께 선물을 열어 보면 어떨까요. 선물도 선물이지만 아이들은 자신이 인내한 후 무엇인가를 얻어냈다는 성취감에 아주 뿌듯하고 환희에 찬 표정을 지을 것입니다.

참았을 때 주어지는 것이 클수록, 또 언제까지 기다리면 되는지 그 마감 시간이 분명할수록 좋습니다. 이때 마감 시간이 너무 길지 않고 아이의 한계 지점 그 직전으로 기간이 적당해야 인내력 기르기에 도움이 됩니다.

우리 가족만의 규칙 정하기

이 세상에 절대적인 자유는 없습니다. 인간은 아무리 자유로워지고 싶어도 육체의 한계, 시간의 한계, 재정의 한계가 있고 또 법과 제도, 윤리, 도덕의 울타리를 벗어나지 못합니다. 물고기가 아무리 자유로워지고 싶어도 물을 못 벗어나며, 새가 아무리 자유로워지고 싶어도 하늘을 못 벗어납니다. 내 마음대로 멋대로 세상을 살아갈 수 없다는 것을 가정에서 먼저 알려 주세요. 부모와 자녀가 함께 우리 가정만의 원칙과 규칙을 세우는 것을 추천합니다. 방법은 어렵지 않습니다.

1. 일방적인 요구가 아닌 대화로 함께 규칙을 정한다.
2. 지킬 수 있을 만한 현실적으로 감당 가능한 규칙을 세운다.

3. 일관성 있게 실천한다.

4. 보상과 벌칙을 적절히 정한다.

우리 가족만의 규칙을 정하는 목적은 부모와 자녀가 서로 신뢰감을 쌓고 아이는 자신의 행동에 대해 스스로 생각하고 주체적으로 조절하고 행동하게 하는 데 있습니다. 일관성 없는 규칙은 혼란스럽게 하고 심란하게 할 수 있으니 주의가 필요합니다.

가족 모두 서로 정한 규칙은 꼭 지키도록 해야 규칙의 권위와 '힘'이 유지됩니다. 무엇보다 이 과정에서 의도적인 잘못과 게으름을 저지르면 피해갈 수 없는 것이 또한 세상 이치임을 인식시키는 것도 중요합니다. 따라서 적절한 보상과 벌칙도 필요합니다.

보상은 너무 비싸거나 물질적인 것보다는 부모 자녀 간에 따뜻한 마음과 애정을 느낄 수 있는 정도가 좋습니다. 벌칙으로 문제집 5장 풀기 같은 공부에 관한 것이거나 동생과 놀아주기, 설거지, 재활용 분리수거, 현관 청소, 양말과 속옷 빨기 등은 하지 않는 것이 좋습니다. 왜냐하면 공부하기와 집안일을 돕는 것은 가족의 구성원으로서 너무나 당연한 일인데, 벌칙으로 하게 되면 부정적 이미지를 떠올리게 합니다. 공부나 집안일, 부모님을 돕고 형제자매와 시간을 보내는 것이 손해 보는 일, 피해야 할 일이 되는 것입니다.

벌칙으로는 스마트폰 하루 압수, 유튜브나 동영상 시청 하루 금지, 좋아하는 놀이나 운동 취미 활동 하루 금지 등이 좋습니다.

아이와 함께 '우리 가족 규칙'을 정하고 나면 가족 누구나 볼 수 있도록 종이에 써서 붙여 놓습니다. 이때 자녀가 부모에게 바라는 것도 함께 기록하고 지켜나가도록 합니다.

<우리 가족의 목표와 규칙>

우리 가족의 목표:

1. 해야 할 것 해내기. / 하지 말아야 할 것 참아내기.
2. 규칙을 이뤄냈을 때의 보상은 충분히! / 규칙을 어겼을 때 벌칙은 엄격히!

미국의 심리학자 엘리엇 투리엘elliot turiel은 '지켜야 할 일'을 '도덕 영역', '관습 영역', '개인 영역' 세 영역으로 나누었습니다.

도덕 영역 : 국가나 문화, 사회에 상관없이 사람으로서 절대적으로 지켜야만 하는 것. 지키지 않으면 누군가가 불행해지는 것. 범죄나 폭력, 반사회적인 행동.

관습 영역 : 특정한 사회의 시스템이 잘 돌아가기 위한 규칙. 유치원과 학교에서는 하면 안 되지만 집에서는 해도 되는 경우. 문화에 따라 달라지기도 함. 교통법규, 식사예절 등.

개인 영역 : 기본적으로 그 영향이 자신에게만 해당하는 것. 개인의 성숙과 성장을 위해 적절하게 잘하면 좋은 생산적인 것들. 학교 과제, 샤워와 양치질, 일기 쓰기, 방 청소 등.

우리의 일상생활에서 지켜야 할 일은 스마트폰 1시간만 하기, 운동하기, 숙제부터 하고 놀기, 책 15분 읽기, 이부자리 정리하기, 옷 걸기, 책 정리, 장난감 정리, 신발 정리, 밥 먹을 때 TV나 스마트폰 보지 않기 등 여러 규칙이 있지만, 처음부터 너무 많은 규칙을 부과하면 스트레스를 받을 수 있습니다. 또한 일상에서 습관이 되지 못하고 건강한 라이프스타일로 자리 잡기도 어렵습니다. 급하게 하려고도 하지 말고, 단 한 가지라도 습관이 될 때까지 꾸준히 하는 것이 좋습니다. 그 과정에서 비난이나 비교는 금물입니다.

"너는 늘 어지럽히는 것밖에 할 줄 몰라?"

"왜 누나처럼 야무지게 못 해?"

"쯧쯧, 어쩜 이 쉬운 걸 동생보다도 못하냐?"

"어이구! 옷 좀 똑바로 걸라고 몇 번이나 말해. 말귀도 못 알아들어서 어떡할래?"

이렇게 면박을 주면서 수치심과 모멸감을 느끼게 하면 돌이킬 수 없는 결과를 초래할 수 있습니다. 특히 수치심과 모멸감은 아이에게 절대 독이 되고 치명적일 수 있습니다. 다소 기대에 못 미치더라도 왜 해야 하는지 의미를 알려 주고 조금이라도 나아진 게 있다면 그게 얼마나 유쾌하고 도움이 되는지 긍정적인 부분에 초점을 맞추고 칭찬해 줍니다.

“스마트폰만 하는 것보다 같이 나와서 산책하고 시원한 것 먹으니까 훨씬 기분 좋아지지?”

“이렇게 하니까 확실히 깨끗하고 정신도 맑아지지?”

“네가 스마트폰을 하고 싶었을 텐데도 꾹 참고 숙제부터 하니 정말 대견하다. 역시 넌 자제할 줄 아는 똑똑한 아이였어. 우리 아들 최고!”

칭찬은 아이가 감정적으로 좋다고 느낄 수 있게 하는 것이 효과적입니다. 가족 규칙을 정하고 지키는 과정을 통해 아이들은 가정에서 자기조절력을 키우고 더 나아가서는 자립심을 키울 수 있습니다.

아이는 부모를 보고 배운다

어린 시절 동네에 '욕쟁이 아줌마'가 있었습니다. 그 아줌마는 매사에 버럭 화를 잘 내고 뭐 하나라도 자기 뜻에 맞지 않으면 얼마나 싸움닭처럼 달려드는지 동네 사람들이 모두 피할 정도였습니다. 아줌마의 자녀들 또한 무척 우악스럽고 사나웠지요.

운전하는 태도를 보면 그 사람의 성격을 알 수 있다는 말이 있습니다. 어떤 사람은 운전할 때 다급한 상황에서도 자동차 경적을 가급적 울리지 않고 넘어가는가 하면, 어떤 사람은 별 무리가 없는 상황에서도 욕하고 경적 울리는 것은 기본이고, 심할 경우 보복 운전을 일삼기도 합니다.

아이들은 평소 '부모의 문제해결 방식'을 보고 그대로 따라 배웁니다. 무슨 일이 있을 때 부모가 소리 지르고 욱하고 화내는 것을 보고 자란 아이는 그대로 따라 합니다. 그러면 당연히 감정조절, 자기조절력은 자라기 어렵습니다. 저는 가끔 심각한 일에 직면하면 무의식적으로 인상을 찡그리는데, 언제 배웠는지 제 아이가 그대로 따라 하는 것을 보고 놀란 적이 있었습니다.

어떤 문제가 생기고 못마땅한 게 있을 때 남 탓이나 환경 탓부터 하는 모습을 보이면 이 또한 자녀가 그대로 배웁니다. 어떤 일이든 먼저 내 안에서 원인을 찾으려고 하는 모습을 보이면 아이도 그대로 따라 배웁니다.

특히 폭력적 언행의 답습은 두려워해야 합니다. 여기에는 자녀에 대한 체벌이나 언어폭력도 해당됩니다. 무심코 배우자나 상대를 무시하는 발언을 하거나 때리는 장면을 아이가 자주 봤다면 아이 또한 폭력 행위에 무감각해집니다. 자신의 감정이 격해지면 올바른 표출 방법을 모르기에 본대로 행동하게 되는 것이죠. 자신보다 약하고 어린 사람이나 길에서 만나는 동물들에게 이유 없이 폭력을 가하기도 합니다.

때로 아이가 서운한 감정을 느끼거나 친구들에게 화가 나서 툴툴거리면 일단 자신의 화를 진정시키고, 상대를 공격하는 발언은 삼가게 합니다. 가끔은 아이 편을 들어준다면서 아이보다 더 화를 내고 비방을 하기도 하는데, 이 방법은 절대 금물입니다. 차분하게 이의를 제기하고 처리 과정을 지켜보는 모습을 보여 주세요. 아이들은 이런 부모의 대처에서 현명하고 지혜로운 대응 방법을 배웁니다.

아이가 표출하는 감정을 받아주되, 사안에 대해서는 객관적으로 확인한 뒤 냉철하게 해결하는 신중한 모습을 보일 때 아이는 부모에게 속마음을 솔직하게 털어놓습니다. 부모에게 고민을 털어놓고 나서 나쁜 쪽으로 일이 커진다면 뭔가 말할 때 주저하게 되겠지요. 의지가 되지 못하는 부모의 손을 잡고 위태로운 다리를 건널 아이는 세상에 없습니다. 아이에게 지금 필요한 건 자신의 마음을 읽어줄 상대입니다. 화를 낸 대상을 찾아가 혼을 내고 더 큰 일을 만드는 것보다 먼저 아이를 안아주고 다독여주는 일이 우선이지요.

아이는 자신의 미성숙함을 압니다. 문제를 해결하기 위한 좋은 방법을 자기 힘만으로 찾기는 쉽지 않다는 것을 압니다. 도움을 받고자 부모에게 상담을 요청할 때 아이의 마음을 읽고 슬기롭게 대처해야 부모를 신뢰하게 됩니다.

자기조절력을 위한
마음챙김 5단계

2018년에 태국에서 유소년 축구팀 선수 13명과 코치 1명이 동굴 탐험에 나섰다가 폭우로 동굴에 갇혀 17일 동안이나 고립된 적이 있었습니다. 그런데 이때 단 한 명의 사망자도 발생하지 않고 구출되었지요. 15일이 넘는 고된 시간을 견디고 무사히 생존한 데에는 '명상'의 역할이 컸다고 합니다. 실제로 구조 현장의 동영상에서도 보면 아이들은 울거나 하지 않고 차분히 앉아서 기다리는 모습을 보였습니다. 이 청소년 축구팀의 코치는 수도승 출신으로 고립된 극한의 상황에서 명상으로 마음의 안정을 찾고, 체내에 에너지를 비축해두는 방법을 가르쳤다고 합니다. 그 결과 극한 상황에서도 한 명도 빠짐없이 살아나올 수 있었습니다.

예전에는 '명상'은 소수의 종교인만 한다고 여겼는데 이제는 전 세계적으로 '마음챙김'이 유행하고 있습니다. 글로벌기업인 구글을 비롯해 세계적인 기업들이 이 '마음챙김' 프로그램을 진행하고, 교육현장에서도 적극적으로 도입하는 중입니다. 거창하게 명상이라고 하기보다 꾸준한 마음챙김은 학생들의 자기조절력 향상에 큰 도움이 됩니다.

마음챙김이란 '지금 여기에서 일어나는 일에 집중하는 상태'를 만들어내는 것입니다. 예를 들면 명상이나 요가를 하면 조용하고 정돈된 상태로 들어가 격앙된 감정을 진정시키고 마음을 평온하게 유지할 수 있습니다.

마음이 안정되는 자세는 사람마다 다르겠지만 편안한 자세를 하고 심호흡을 반복하면 마음이 가라앉습니다. 사람은 스트레스를 받으면 교감신경이 활성화되면서 목덜미, 어깨, 횡경막 등이 수축됩니다. 목이 딱딱하게 굳으면서 어깨는 올라가고 머리로 열이 올라옵니다. 이때 호흡이 얕아지고 폐로는 공기를 제대로 보내지 못해 숨이 가빠지고 땀이 납니다.

이럴 때 숨을 짧게 들이마시고 길게 내쉬면 교감신경의 활성화를 억제하고, 코르티솔의 분비를 줄일 수 있습니다. 또한 행복 호르몬인 세로토닌을 분비시킵니다. 세로토닌은 몸과 마음이 안정되고 평온할 때 많이 분비되는 호르몬입니다. 아이가 어릴 때부터 마음챙김의 상태로 들어가기 쉬운 환경을 만들어주는 것은 자기조절력을 키우고 우울증을 줄이는 효과적인 방법입니다.

훈육하는 방법 중에 '타임아웃'이라고 하여 아이를 조용한 방에 데리고 가는 것도 마음챙김과 비슷한 원리입니다. 이 방법은 마음을 진정시켜 자신이 놓인 상황과 지금 느끼는 감정을 객관적으로 분석하는 것입니다. 만약 자신이 화가 나고 짜증이 난 것을 느끼지 못한다면 그 기분을 조절하고 자제할 수 없기 때문입니다.

마음챙김을 통해 분석하고 논리적인 대처법을 발견하게 됩니다. 결국 가장 감성적으로 마음을 돌보는 것이 가장 이성적이고 합리적인 방법이 되는 것이죠. 이는 결국 요즘 많이 나오는 '메타인지(metacognition, 나는 얼마만큼 할 수 있는가에 관한 판단이자 나를 들여다보는 힘)'와도 연결됩니다. 다음의 자기조절법 5단계를 통해 아이의 자기조절력을 훈련해 보세요.

1단계: 아이가 지나친 스트레스를 받는 순간을 스스로 인식하도록 돕는다. 그리고 그 순간을 솔직히 말로 표현하게 한다.

2단계: 아이의 스트레스 원인을 알아낸다.

3단계: 스트레스의 원인을 없애거나 줄인다.

4단계: 아이 스스로 대처가 필요한 순간을 자각하게 한다.

5단계: 자신만의 자기조절 방법을 개발할 수 있게 돕는다.

멀티태스킹을 요구받는 요즘 아이들은 어른들보다 더 바쁩니다.

학교 수업과 과제와 수행평가, 방과 후 활동, 여러 사교육까지 학년이 올라갈수록 더 늘어납니다. 여기에 점점 커가면서 또래 관계 속에서 스트레스를 받고 진로와 진학 등의 걱정까지 더해집니다.

바쁜 스케줄로 여유가 없는 아이들에게 조용히 혼자만의 시간을 갖게 하는 건 부모로서 용기가 필요한 일일지도 모릅니다. 그러나 어릴 때부터 자신만의 고요한 내면의 시간을 갖게 해서 자신의 상태와 기분, 감정을 알아차리도록 하는 부모가 아이의 진정한 경쟁력을 근본적으로 키우는 것입니다.

뇌가 휴식할 수 있게 뇌의 쓰레기를 치우도록 일주일 중 하루는 온 가족이 모여 스마트폰과 TV를 끄는 '미디어 금식'을 해도 좋고, 홀로 느긋한 시간을 보내는 '멍때리기'를 할 기회를 주는 것도 좋은 방법입니다.

명문 학교가
1인 1운동을 하는 이유

스트레스 상황에서 각자가 보이는 반응은 제각각입니다. 짜증과 화를 내는 아이가 있는가 하면, 여유를 가지고 자신의 감정을 조절하는 아이가 있습니다. 감정 조절을 잘하는 아이들 중에는 '운동'을 좋아해서 스트레스를 쌓아두지 않고 그때그때 푸는 특징이 있습니다. 실제로 제가 만난 학생 중 학업 성적도 우수하면서 건강한 인성을 갖춘 아이들 중 운동을 좋아하는 친구들이 많았습니다.

그런데 우리나라 학생들은 대부분 운동량이 절대 부족합니다. OECD 국가의 아이들 중에서 운동을 가장 안 하는 나라로 꼽힐 정도입니다. 저는 그래서 학습 코칭 시, 꼭 넣는 활동이 '운동'입니다. 바쁜 고등학생 시기에도 방과 후 친구들과 배드민턴이나 줄넘기 등을 꼭 하라고 조언합니다. 특히 여학생들의 운동량은 정말 심각합니다. 남학생들은 친구들과 농구나 축구를 하기도 하는데, 여학생들은 거의 운동량이 없습니다. 정규수업이 끝나고 오후 네다섯 시에 방과 후 수업으로 또 영어나 수학 교과목을 신청해도 피곤해서 자는 경우가 많은 만큼 저는 차라리 그 시간에 잠시 운동하고 저녁에 자기주도학습을 하라고 설계해 주지만 지키는 학생은 거의 없습니다.

누구나 운동이 가진 장점은 알지만 바쁜 생활 속에서 실천하기는 어렵습니다. 규칙적인 운동은 불안감과 스트레스를 낮춰주고 엔도르핀처럼 기쁨과 행복을 느끼게 해 주는 신경전달물질 분비를 촉진시킵니다. 더 나아가 서울대학교 체육교육학과의 김유겸 교수는 자기조절력은 고갈되는 것으로 운동을 통해 향상시켜야 한다고 강조합니다.

"자기조절력은 마치 물통 안에 있는 물과 같아서 총량이 정해져 있고 쓰면 쓸수록 줄어들어 물통의 물을 다 마셔버릴 수 있는 것처럼, 자기조절력도 다 사용해 버리고 나면 더는 자기조절을 하기 어렵게 될 수 있다."

자기조절 에너지는 어떤 종류의 일을 했든지 간에 상관없이 공통으로 소모된다는 것입니다. 예를 들어 직장에서 하루 종일 하기 싫은 일을 참고 하느라 자기조절력을 다 소진한 사람은 퇴근 후에 집에 돌아가서 배우자가 조금만 듣기 싫은 소리를 해도 참지 못하고 감정적으로 대응할 가능성이 높은 것처럼 말입니다.

단순히 몸과 마음이 피곤해서 쉽게 화를 내는 게 아니라 이 사람은 자기조절 에너지를 다 소진한 것이고 그런 후엔 조금만 힘들고 기분 나쁜 일을 마주해도 참고 넘어가는 데 어려움을 겪는 것입니다.

그러므로 수많은 전문가는 자기조절력을 근력 운동처럼 키워야 한다고 강조합니다. 운동은 자기조절력을 향상시키는 최고의 도구입니다. 우리가 팔굽혀펴기와 오래달리기를 처음 할 땐 힘들지만 계속하다 보면 더 잘하게 되는 것처럼 운동의 영향으로 늘어난 자기조절력은 더 오랜 시간 자신의 내면을 컨트롤할 수 있고 또 여럿이 함께하는 스포츠 활동을 통해 감정을 조절하고 자기 통제 능력을 키울 수 있습니다.

세계 어디든 명문 사립학교는 공통으로 예체능 활동을 강조하는데, 여기엔 이유가 있습니다. 명문 학교에서는 학생들이 1인 1운동, 1인 1악기를 꼭 할 수 있도록 생활지도를 철저히 하고 실제 커리큘럼에 반영되어 있습니다. 이러한 예체능 활동이 학생들의 자기조절력 향상에 큰 역할을 한다는 것을 직관적으로 알기 때문입니다.

자기조절 능력은 성공과 행복한 삶을 살기 위한 필수요소입니다. 꾸준한 운동과 문화 활동을 통해 자신을 가다듬고 조절하는 것은 자기조절 능력을 기르는 데 매우 효과적입니다. 아이가 공부 잘하기를 바란다면 공부보다는 운동하라는 잔소리가 더 좋습니다.

스포츠 클럽이나 동아리에 가입해 주기적으로 운동하고 실력을 키워나가는 것도 좋습니다. 코치의 조언을 통해 기본기를 다지고 함께 운동하는 사람들과 상호작용으로 운동에 재미를 더할 수 있습니다. 그리고 운동을 위해 일부러 시간을 낼 수 없다면 간단한 스트레칭이나 영상을 틀어놓은 뒤 춤을 추는 것도 추천합니다. 몸을 움직이는 것 자체로 신체의 긴장을 풀어주는 효과를 거둘 수 있습니다.

행복한 성공을 위한 인성 씨앗 3

벤저민 프랭클린의 자기성찰과 도덕성

벤저민 프랭클린은 최초로 자기계발서를 쓴 작가이자 성공학의 선구자이고, 시계의 초침을 발명한 과학자이며, 미국 독립선언문의 기초를 마련한 정치가입니다. 당대 사회와 사람들의 정신세계에 영향을 끼친 사상가이기도 합니다. 지폐에 얼굴이 실릴 정도로 미국 역사상 가장 위대한 인물 중 한 사람으로 평가받는 그는 현재도 매년 새해가 되면 '프랭클린 플래너'로 현대인의 생활에 영향을 미치고 있습니다.

벤저민 프랭클린은 가난한 집안에서 태어나 정규교육이라고는 2년밖에 받지 못했습니다. 하지만 열두 살에 인쇄공으로 사회 첫발을 내디딘 이래, 철저한 자기 관리와 시간 관리를 통해 스스로 성공을 이뤄나갔습니다. 그의 인생 이야기는 단 한 번뿐인 인생, 유한한 삶을 사는 인간이 얼마나 많은 것을 경험할 수 있고, 또 성취할 수 있는지를 증명했습니다.

대부분 사람들이 벤저민 프랭클린이 성공할 수 있었던 요소로 '시간 관리'를 꼽으며 부모들은 자녀들에게 새해가 되면 청소년 버전이나 어린이 버전의 프랭클린 자서전과 플래너를 선물해 줍니다. 하지만 정작 프랭클린이 철저하게 시간 관리와 자기계발을 했던 이유 및 목적은 성공만을 위한 것이 아니었습니다.

20대 초에 프랭클린은 '완벽한 삶에 도달하기 위한 대담한 프로젝트'에 착수합니다. '절제, 과묵, 질서, 결심, 검약, 근면, 진실, 정의, 중용, 청결, 평정, 순결' 이 12가지 덕목을 일주일에 하나씩 실천하고, 이를 어길 때마다 점을 찍어가며 실천 과정을 기록했습니다. 그는 이 과정에서 자신이 자신을 인식하는 것보다 훨씬 더 결함이 많은 인간임을 깨닫고 놀랐습니다. 이 기록의 과정이 아마도 프랭클린 플래너의 시초가 아닐까 합니다.

처음에 그는 이 플래너를 성공을 위한 시간 관리뿐 아니라 '도덕적 실패'를 최소화하고자 했던 갈망에서 쓰기 시작했다고 합니다. 그는 평생을 그 덕목들을 실천하며 자신의 행동과 가치관이 일치되도록 노력해 왔습니다. 이처럼 그를 성공에 이르게 한 것은 바로 스스로 자기를 돌아보는 능력에 기반합니다.

모든 사람은 '성공'을 바랍니다. 특히 이 세상 모든 부모는 내 아이가 성공하고 행복하기를 갈망합니다. 그래서 어린 시절부터 어떻게 하면 시간을 아끼고 효율적으로 사용할지, 어떻게 하면 보다 자기관리를 철저히 할 수 있을지, 어떻게 하면 원대한 목표를 세우고 그 목표를 위해 나의 자원을 활용할 것인지 플래너를 사용하며 치열하게 살아가라고 합니다.

그런데 프랭클린을 보면서 우리는 왜 그토록 플래너를 쓰며 치열하게 살아가는 것인지에 대해 좀 더 본질적인 질문을 생각하게 됩니다. 그의 삶을 통해 우리는 '성공'은 '물질적' 가치만 담고 있는 것이 아니라 '정신적', '도덕적' 가치가 더 크게 담겨 있다는 것을 알 수 있습니다. 벤저민 프랭클린은 말년에 쓴 자서전에서 이렇게 말합니다.

"스무 살에 나 스스로 선정한 덕목 실천을 통해 완벽한 도덕적 경지에 이르지는 못했지만, 그런 습관을 유지하려고 노력했기에 좀 더 선량하고 행복한 삶을 살 수 있었다."

마치 자동차에 관하여 아는 것과 실제로 자동차를 운전할 줄 아는 것은 다르듯이 인성도 실제로 몸에 바르게 장착된 '체화'가 중요합니다. 인간이 어때야 하는지, 삶의 이치가 어때야 하는지 지식적으로 아는 게 아니라 몸에 익혀서 어떠한 상황에서든지 대응할 수 있도록 실천하는 것이 중요합니다. 그래서 벤저민 프랭클린은 일상생활에서 자신이 옳다고 생각하는 것과 실제 행위가 맞지 않아서 생기는 '도덕적 실패'를 최소화하고자 우리가 아는 그 유명한 프랭클린 플래너에 기록한 것입니다.

벤저민 프랭클린의 삶을 통해 성공은 목적이 아니라 '자기성찰 능력'과 '도덕적인 성장'을 이루면 저절로 따라오는 것임을 알 수 있습니다. 그러므로 부모라면 성공과 행복이 아니라 자기성찰 능력과 도덕적인 성장을 향한 갈망을 품도록 이끌어주는 것이 자녀를 지혜롭게 교육하는 방법입니다. 매일 매일의 생활에서 자신의 마음가짐, 자신의 행동, 경험을 스스로 평가하고 반성하면서 자신의 정체성과 세상을 바라보는 눈을 건강하고 바르게 세울 수 있습니다. 결국은 삶의 목적 및 이상을 더 크게 세울 수 있습니다.

무엇보다 어린 시절뿐만 아니라 일평생 더 나은 인간, 더 행복한 삶을 위해 성장하고자 하는 평생 학습자로 자라게 하려면 먼저는 '나는 변화할 수 있다는 긍정적인 믿음'을 갖게 해 주세요. 그 기초 위에서 스스로를 관찰하고 반성하고 기록하다 보면 멋지게 성장하는 '나'를 볼 것입니다. 이런 '나'를 먼저 만난 아이가 결국 타인의 변화와 가능성도 존중하는 아이로 자라나 사회에 선한 영향력을 끼치게 되는 것 아닐까요?

4장 스스로 행복한 인생을 만드는 자기주도력

생각할 수 있는 뇌와 사랑하는 마음의 심장과

두려움을 잊을 수 있는 용기는

이미 너희들 속에 있다.

그래도 원한다면 내가 만들어 주지.

하지만 사용하는 법은 알려 줄 수 없다.

그건 너희들 스스로 터득해야 하니까.

라이먼 프랭크 바움, 『오즈의 마법사』 중에서

학습된 무기력에 빠진 아이들에게 필요한 것

요즘은 뭐라도 하고 싶은 것이 있는 아이가 효자, 효녀라고 합니다.

"싫어요. 귀찮아요.", "이걸 왜 해요?", "꼭 해야 해요?"

그나마 말대꾸라도 하면 감사하고, 아예 말없이 자기 방으로 들어가서 암막 커튼 치고 안 나오는 아이들도 많습니다. 그만큼 무기력에 지배당한 아이들이 참 많다는 것입니다.

"우리 아이는 되고 싶은 게 없어요."

"우리 아이는 하고 싶은 게 없어요."

"우리 아이는 잘하는 게 없어요."

"우리 아이는 뭘 해야 할지 모르겠대요."

제가 만난 학부모들이 가장 많이 하는 하소연입니다. 교육제도와 입시제도도 너무 바뀌어 정신이 없는데 4차 산업혁명과 설상가상 코로나 팬데믹 상황까지 겹쳐 모든 것이 혼란스러운 요즘입니다. 전문가들은 지금 있는 직업의 종류 중 많은 수가 사라진다니 더 무섭고 조바심이 납니다.

부모도 아이도 불안하고 초조해지기 쉬운 오늘날과 같은 현실에서도 어떤 아이들을 보면 절로 '참 잘 자랐다.' 하는 감탄이 나올 때가 있습니다. 제가 미혼일 때는 이런 아이들을 보면 그저 놀라움에 그쳤지만, 아이를 낳고 키우면서 이제는 이런 아이들을 만나면 궁금증이 생깁니다.

"이 아이의 부모님은 자녀를 어떻게 양육했을까?"

부유하고 형편이 좋아서 잘 컸다는 아이들도 있지만, 대부분이 경제적 조건이 좋아서만은 아닙니다. 경제적으로만 본다면 평범한 형편에서 자란 아이들이 대부분입니다. 감탄이 나오는 아이들을 보면 예의 바르고 성실하고 무엇보다 참 긍정적입니다. 짜증을 쉽게 내는 어른인 제가 다 창피할 정도로 말입니다. 이런 아이들은 무엇을 해도 결국 잘 됩니다. 이런 아이들의 공통점은 모든 생활을 스스로 알아서 합니다. 학교생활이나 학습적인 것뿐만 아니라 비교과 활동까지도요.

그런데 성적은 상위권이라도 모든 일을 엄마가 알아서 해 주는 아이들이 있습니다. 스스로 알아서 하는 일이 거의 없습니다. 중학교 때까지도 시험 기간에 부모가 밤새 옆에 끼고 기출문제 억지로 풀어 상위권을 유지합니다. 이런 아이들이 고등학교에 가면 물거품 사라지듯 실력의 한계가 드러납니다.

엄마가 수발해서 상위권이 된 아이들, 짜증을 달고 사는 아이들은 언젠가는 곪아 터집니다. 최악은 고3 시기입니다. 반항과 슬럼프에 빠져 성적은 곤두박질치고 원하는 대학은 높은데 현실은 그렇지 못해 괴로워합니다. 원하는 대학에 못 가면 또 엄마 탓을 합니다. 물론 최선을 다 해도 안 되는 경우가 있습니다. 0.1점 차이로 등급이 나뉘고 대학 합격이 정해지기도 합니다.

그럼에도 불구하고 결국 '역전의 명수'가 되는 아이들이 있습니다. 우리가 흔히 말하는 '정신력이 강한' 아이들은 이 모든 역경과 좌절을 이겨내고 결국 잘 풀리고 잘 됩니다. '회복탄력성'이 좋아서 용수철처럼 다시 튀어 오릅니다. 위기를 기회로 삼아 대학 입시의 실패든, 예상치 못한 변수든 좌절하지 않고 다시 일어섭니다.

실패에서 큰 가르침을 얻고 더 크게 성장합니다. 이런 아이들은 오히려 거친 세상에서 사회 적응이 더 빠르기도 합니다. 반면 실패 수업을 통과하지 않는 아이들은 엄마가 다 해결해 주는 데 익숙합니다. 실패나 좌절 속에서 죽이 되든 밥이 되든 스스로 생각하고 극복해 낼 방법을 고민해야 하는데 이런 걸 경험하지 못한 것이죠.

어린 시절에 회복탄력성을 익히지 못하면 성인이 되어서 더 큰 문제가 될 수 있습니다. 삶은 언제나 문제의 연속입니다. 취업이 잘 안 되기도 하고, 뭔가를 시도했다가 실패할 수도 있고, 승진에 누락되기도 하고, 생각지도 못한 여러 문제와 사고가 생기기도 합니다. 이러한 상황에서도 꿋꿋하게 이겨내는 힘은 긍정적인 생각과 마음밖에 없습니다.

'긍정적인 마인드'도 실력입니다.

'돈'이 '독'이 될 때

심드렁하고 무기력한 아이들이 많은 데는 이유가 있습니다. 어른처럼 벌써 '번아웃' 증후군을 앓고 있을 수도 있습니다. 영유아 때부터 휘황찬란한 교육을 받고 초등 저학년 때도 계속 학원에서 달리기만 한 결과, 빠르면 초등 5, 6학년만 되어도 무기력한 아이들을 흔히 봅니다. 너무 일찍부터 부모가 정해놓은 시간표에 주도권과 자율성 없이 문제 푸는 기계가 되어버리면 그 이후는 되돌리기가 어렵습니다.

우리는 '자율성' 하면 '자유로운, 내 마음대로, 주도적인, 주인의식' 같은 말들을 떠올립니다. 그런데 깊이 들어가면 자율성은 자유롭게 무언가를 하면서 생기는 것이 아닙니다. 의지적으로 무언가를 스스로 관리하고 통제하는 능력을 갖추면서 그때 비로소 발달합니다.

자율성은 하고 싶은 대로, 내 마음대로, 내 멋대로 하는 것이 아닙니다. 스스로가 자기 욕구의 주체가 되어 조절하고 통제할 수 있다는 경험이 쌓이면서 자신감이 되어 나타납니다. 즉, '내 삶을 내가 이끌어 간다는 느낌'을 자기주도력 또는 자기주도감이라고 할 때 그것을 실질적으로 이끌고 해내는 능력은 자기 통제력에 해당됩니다.

사람은 누구나 나이가 많든 적든 간에 자신의 삶을 자율적으로 이끌고 싶어 합니다. 자신의 감정을 조절하며 스스로 동기를 부여하는 삶을 살 때 아이나 어른이나 진정 행복합니다. 부모라면 어린 시절부터 자녀를 위해 신경 써 줘야 할 행복의 기초 공사 같은 것입니다.

"요즘은 집중력 강화를 위해서 명상할 수 있는 기체조 하는 곳을 알아보고 있어요. 왜 그렇게 애가 산만한지 모르겠어요. 아무래도 스마트폰 때문인 것 같아요. 혹시 ADHD 아닌가 하는 생각도 들고요."

부모 중에는 아이가 조금만 자신의 성에 차지 않으면 '혹시 우리 아이한테 무슨 문제가 있는 거 아니야.' 하고 심각해집니다. 특히 요즘은 아이가 조금만 부산스러워도 '혹시 ADHD 아니야?' 하고 걱정합니다. 초등학교 2학년 아이를 둔, 한 엄마는 영어 관련 사교육만 네 개 넘게 하고 창의 수학과 바이올린, 수영까지 시킨다고 합니다.

그러면서 아이가 정신이 흐트러지고 뭔가 붕 뜨고 산만한 거 같아 명상이 좋다는 소리에 알아보고 있다는 것입니다.

사교육으로 스케줄이 꽉 찬 아이가 산만하기만 한 게 참 다행이고 기적이 아닐까요? 더 이상해지지 않은 게 신기할 정도라는 말이 나올 뻔했습니다. 이 엄마는 어떻게 하면 비는 시간에 뭐 하나라도 더 생산적인 것을 해 줄 수 있을까가 고민이었습니다. 이 또한 나름 아이를 너무 사랑해서 제공해 주는 사랑의 방식이라고 생각하고 있는 거 같았습니다.

어린 시절부터 갖고 싶어 하는 장난감은 바로 사주고, 글로벌 리더로 키운다면서 방학마다 해외여행을 데리고 다닙니다. 그런데 이런 것도 어느 순간 아이에게는 노는 게 아니라 다 귀찮은 의무가 되어버립니다. 견문을 넓히는 글로벌리더가 되는 여행이 아니라 그냥 돈만 날리는 경우를 많이 봅니다.

사교육에 눈먼 엄마는 아이가 산만하고 집중력이 약해졌다고 해석하지만, 이미 아이는 자기의 마음에 문제가 생겼다고 나름의 신호를 보내고 있는 것입니다. 그런데 아이의 신호를 수신하고 반응해 주는 존재가 없습니다. 이렇게 아이는 계속 허공에 사라지는 신호만 보내다가 언제 나가떨어질지 모릅니다.

지금은 초등학교 저학년이라서 이 정도이지 당장 고학년만 되어도 언제 폭발할지 모르는 시한폭탄 같아 마음이 아팠습니다. 차라리 폭발이라도 하면 좋은데 내향적인 아이들은 속으로 곪기만 합니다.

경제적 조건은 아이에게 기회를 열어 주는 좋은 열쇠가 되기도 하지만 아이의 내면을 망치는 독이 될 때도 있습니다. 그러므로 경제적 조건이 아니라, 진정한 관심과 시간과 마음을 주는 일에 집중해 보세요. 어렵겠지만 아이의 미래를 생각한다면 반드시 노력해야 합니다. 무엇보다 기억해야 할 것은, 아이에게 더 나은 삶을 안길 지혜와 통찰은 돈으로 대체할 수 없다는 것입니다.

부모 통제력과
아이 주도력은 반비례

초등학생 아이가 밤늦도록 숙제하는 모습이 안쓰럽다며 아이 대신 왼손으로 글자를 삐뚤빼뚤 써 주는 엄마가 있습니다. 중학교 가서는 대신 수행평가를 끼고 해 줍니다. 시험 기간에는 문제를 하나라도 더 풀어야 한다며 학교 과제를 대신해 주기도 합니다. 아예 아이의 과제를 다 떠맡기도 합니다. 고등학교 올라가서는 내신시험이 그대로 입시(수시)에 반영되기에 아이의 시험 기간은 부모의 시험 기간과 마찬가지입니다. 고등학교 3년 내내 그렇습니다. 시험지 문제만 풀지 않을 뿐 아이와 같이 밤을 새우고 시험 스트레스를 받고 노심초사 힘들어하며 온통 성적에 모든 것을 거는 엄마들이 있습니다.

대학생이 되면 학점 관련 항의까지 교수에게 직접 하고, 사회에 나가 직장생활을 하는 직장인이 되면 아프다고 상사에게 전화까지

해 주는 엄마들을 우리는 흔히 '헬리콥터맘'이라고 부릅니다.

그러다 보니 지하철과 버스도 혼자서 못 타는 초등학교 고학년 아이들과 중학생도 있습니다. 매일 부모가 학교와 학원 등 정해진 곳에 데려다주니 대중교통을 이용해서 어딘가를 다녀 본 적이 없는 것이지요.

위기 상황에서 평소 그 사람의 성격과 됨됨이가 나온다고 합니다. 아이들에게 있어서 학교생활은 작은 사회생활입니다. 시험 기간과 입시 시즌 때 진짜 그 아이의 참모습이 나옵니다. 시험 기간마다 "어떻게~ 어떻게~ " 하면서 뭐 하는 것도 없이 그저 노심초사 예민하기만 한 아이가 있는가 하면, 자신이 할 수 있는 최고의 방법을 찾는 아이들이 있습니다.

요즘 고등학생은 수행평가다 비교과다 하면서 매일 제출해야 할 과제가 엄청납니다. 이때 이 모든 것에 압도당해 걱정과 짜증만 내다가 결국 될 대로 되겠지 하며 회피하는 아이들이 있는가 하면, 그래도 해 보자는 마음으로 플래너를 쓰고 계획을 세워 고도의 집중력을 발휘하는 아이들이 있습니다. 이런 아이들은 자기 공부와 과제만 하기도 바쁜데 다른 친구들이 알려달라고 하면 적극적으로 나서서 도와주기까지 합니다.

치열하고 지치고 시간에 쫓기는 상황에서도 뿜어져 나오는 긍정성과 낙천성은 친절과 배려로 이어집니다. 아이에게 키워 줘야 할 기본은 긍정하는 마음입니다. 이로부터 문제해결 능력, 배려, 나눔, 협력이 나오기 때문입니다. 그런데 이 긍정하는 마음은 진짜 자기주도력이 있을 때, 즉, 내가 무엇인가를 잘 알고 주도하고 완급을 조절하는 등 통제할 수 있다는 여유에서 나옵니다.

부모 '덕분에' 좋은 성적이나 결과를 얻은 아이는 단기간으로는 좋아 보이고 잘 해내는 것처럼 보이지만, 그 순간을 모면하는 것일 뿐 결코 실속은 없습니다. 이런 아이는 엄마 품에서 벗어나지 못하는 아이로 자랄 가능성이 높습니다.

부모의 통제력과 아이의 주도성은 반비례합니다. 사춘기가 되면 차라리 방목형 부모가 통제형 부모보다 낫다는 말이 일리가 있는 이유입니다. 자녀가 진로를 탐색할 때도 부모가 고정관념과 편견을 버려야 하는데 '이것은 된다. 저것은 안 된다' 하면서 가로막을 때가 많습니다.

중3 여학생과 엄마가 진로와 학습 상담을 요청한 적이 있었습니다. 이야기를 들어보니 엄마는 미술을 좋아하는 딸이 마음에 들지 않았습니다. 딸은 중2 때 친구를 따라서 미술학원에 다니기 시작했는데 그냥 따라간 미술학원에서 미술이 좋아진 겁니다. 엄마 입장에서는 지금 '입시 미술'을 하기엔 너무 늦은 거 같다는 생각과 인서울 상위권 미대에 가려면 실기는 물론 공부도 잘해야 하는데 딸은 그림도 공부도 모두 다 경쟁력이 없어 보인다는 것입니다. 엄마는 딸에게 공부에 집중하라고 제가 설득해 주길 바라는 눈치였습니다. 엄마의 말은 잔소리로만 들으니 전문가인 제 말을 들으면 혹시 달라지지 않을까 해서였지요.

그런데 학생과 깊은 이야기를 나누면서 놀라운 사실을 알았습니다. 학생은 순수 미술이나 입시 미술보다 디자인에 더 강점이 있는 아이였습니다. 좋아하는 연예인 굿즈를 디자인해서 판매하는데, 반응도 좋고 인기도 많아서 너무 행복하다고 했습니다. 푼돈이지만 친구들이 사주거나 동아리 행사 때 재능마켓을 통해 돈도 벌어 좋았다고 합니다. 하지만 엄마는 이런 쓸데없는 짓을 할 시간에 공부나 하라며 면박을 주었다는 것입니다.

저는 아이가 대견해 진심으로 칭찬해 주었습니다. 그 순간 아이의 눈빛에 활기가 돌았습니다. 메마른 나무 같던 표정에 생기가 돌면서 이후 상담은 잘 진행되었습니다. 진심으로 아이에게 진로 상담을 구체적으로 해 줬습니다. 산업디자인 분야에 대한 설명과 더불어 그래픽 디자이너나 가상공간 디자이너 등 관련 직업에 관한 이야기도 들려주었습니다. 하지만 엄마에게는 아이가 입시 미술보다는 지금 하고 싶은 것을 하게 놔두는 쪽이 아이의 개성과 창의성을 발휘하는데 도움이 된다고 했더니 엄마의 표정은 어두워지고 말았지요.

아이의 재능과 잠재력 그리고 가능성은 언제 자라고 발현될까요? 확실한 건 통제받고 비난받는 환경에서는 절대 발현되지 못한다는 것입니다. 모든 존재는 인정받기를 원합니다. 인정 욕구는 인간의 본능과도 같습니다. 부모의 요구나 통제가 줄어들면 아이의 부정적인 감정은 확실히 줄어듭니다. 그러면 아이가 학교생활이든 친구 관계든 예상치 못한 힘든 일을 만나도 '이것쯤이야, 어떻게든 결국 잘 될 거야.'라며 이겨내는 힘이 생깁니다. 덜 전전긍긍하고 덜 노심초사하면서 낙관적으로 바라보면서 결국은 이겨냅니다.

이런 일련의 과정은 저절로 이루어지는 것이 아니라 어려서부터 훈련됩니다. 마치 기초면역력이 생성되는 원리와 같습니다. 오히려 방목 환경에서 이것저것 시도하다가 때로는 게으름도 피우고 바라는 대로 되지 않아 좌절도 할 것입니다. 하지만 자신의 것을 찾은 아이는 결핍과 좌절 속에서도 문제해결력과 삶의 감성은 활성화될 것이며, 자기만의 색으로 반짝반짝 빛이 나고 반들반들 윤이 날 것입니다.

부모의 자존감이 주도력 있는 아이를 만든다

현대 사회는 과거와 달리 불안지수가 높다 보니 갈수록 통제형 부모가 늘고 있습니다. 불안지수가 높은 부모일수록 솔직하지 못해 부모 자신의 감정을 속이거나 자녀의 감정을 억압하는 경우가 종종 있습니다. 그래서 부모가 이상적으로 생각하는 내 아이와 실제 내 아이가 달라서 인지 부조화를 겪습니다.

불안감이 높은 부모일수록 겉으로는 아닌 것 같지만 결국은 자녀에게 "내가 옳고 너는 틀려."라며 자신이 바라는 대로 아이가 생활하고 선택해 주길 바라고, 은연중에 유도할 때가 많습니다. 이는 결국 자기 자신이 아니라 '남'을 위해 살라고 하는 메시지를 부모가 무의식중에 주입하는 것입니다.

아이는 결국 가슴속에 말로 표현하지 못하는 불만을 쌓고, 더 심해지면 마음속에 '화'가 자리 잡습니다. 뭔가 가시밭길이나 사막 같은 메마른 마음으로 불행해질 수밖에 없습니다. 불안감은 전염됩니다. 특히 부모의 불안감은 자녀에게 더욱 전이가 빠릅니다. 불안감과 자존감은 반비례합니다.

부모들은 주변 부모나 아이와 비교하며 불안을 자초하기도 합니다. 엄마들 주변에는 이상할 정도로 엄친아와 엄친딸이 참 많습니다. 왜 그럴까요? 원래 실패한 사람은 말이 없기 때문입니다. 우리 아이가 서울대에 갔다고 자랑하는 부모는 많아도 지방대 갔다고 자랑하는 부모는 없습니다. SNS뿐만 아니라 엄마들 모임의 대화 내용은 언제나 육아와 교육에 집중되어 있는 경우를 많이 봅니다.

아무리 비교하지 않으려고 해도 쉽지 않습니다. '어 그런 걸 벌써 해? 우리 애는 아직 이것도 못 하는데.'라며 마음속 갈등이 시작됩니다. 더 나아가 남편의 직업과 지위, 집과 가진 재산 등 점점 더 많은 것을 비교하기 시작하면 마음은 걷잡을 수 없을 정도로 열등감과 우울감에 휩싸이게 됩니다.

세상의 정보에 현혹되어 이리저리 흔들리지 않는 것도 요즘은 굉장한 자기관리 능력이고 인성의 자질이 됩니다. 세상에는 자기도 모르게 현혹될 만한 정보로 가득합니다. 우리가 매일 접하는 미디어와 SNS에는 이런 검증이 안 된 정보들로 넘쳐납니다. 한 개인이 단 한 번 우연히 해낸 일일지라도 사진을 찍어 올리면 그 순간 환희에 찬 멋진 이벤트가 됩니다. 이런 이벤트의 일부분만 보고 "나는…, 우리 애는…, 우리 집은…" 하고 비교하면서 의기소침해질 때가 얼마나 많은가요. 실망하고 열등감 가질 필요 없습니다. 모두 고생하기도 하고 실패하기도 하고 아파하기도 합니다. 사람이니까요.

저 또한 한없이 자신감과 자존감이 낮아질 때가 있지만, 이겨내려고 합니다. 이 책을 쓰면서도 '너보다 공부 많이 한 학자들, 훌륭한 저자들, 세상에 잘난 사람이 얼마나 많은데 네가 이런 책을 쓰는 거야?'라는 마음속 목소리가 들릴 때면 위축됩니다. 그러나 이내 다시 용기를 내어 마음을 다잡습니다.

'그래, 세상에 전문가나 저명한 학자, 잘하는 사람 많아. 그런데 나는 나만의 이야기가 있어. 세상에는 내 이야기가 필요한 사람도 있어. 남들이 뭐라고 하면 어때? 자기들이 내 인생 대신 살아주는 것도 아니고. 일단 시도해 보자.' 이런 마음으로 나와 대화를 합니다.

부모가 먼저 자존감을 잘 관리해야 행복하고 나답게 아이를 잘 양육하고 교육할 수 있습니다. 그리고 부모의 건강한 행복감은 아이에게 전염되고 아이의 긍정적인 마음과 주도력 회복에 큰 영양분이 됩니다. 하지만 부모도 완벽하지 않기에 이 세상을 살아가면서 계속 자신감과 자존감을 충족해 나가야 한다는 것을 꼭 기억하면 좋겠습니다.

아이의 시간과 공간을
방해하지 않는 엄마

동물을 사랑하고 생물에 관심이 많은 한 중학생이 있었습니다. 어느 날, 학생은 유정란을 사와 부화기로 병아리의 탄생까지 지켜봅니다. 병아리가 알을 깨고 나오는 순간 처음에는 미세하게 껍질에 금이 갑니다. 껍질이 서서히 깨지면서 조금씩 구멍이 커집니다. 부화는 생각보다 오래 걸립니다. 안에서 병아리가 껍질을 깨고 나올 수 있게 핀셋으로 달걀 껍질을 톡톡 깨뜨려서 도와줬습니다. 학생은 마치 자기가 어미 닭이 된 것 같았다며 감동했다고 합니다.

부화 이야기를 들으면서 '줄탁동시啐啄同時'라는 사자성어가 생각났습니다. 병아리가 알에서 나오기 위해 껍질을 쪼는 것을 줄啐, 어미 닭이 부리로 알을 쪼아 주는 것을 탁啄이라 하는데 알의 안팎에서 병아리와 어미 닭이 서로 협력한다는 뜻입니다.

자녀를 키우면서 이런 경우가 얼마나 많은지요. 그런데 도움이 꼭 필요한 순간에, 아이가 도움을 원할 때 부모가 손을 내밀어야 하는데, 시도 때도 없이 나서서 아예 껍질을 깨버리는 부모가 있습니다.

부모와 아이의 관계는 학교처럼 그저 지식을 알려 주는 게 아니라 '교감'입니다. 이 과정에서 중요한 것은 무엇이 옳고 그른지, 좋고 나쁜지를 가려내는 것만이 아니라 앞으로 필요한 것을 배울 기회를 갖게 하는 것이 중요합니다. 아이가 어설프고 실수투성이라 할지라도 무엇이든 시도할 수 있도록 내버려 두는 자세와 태도가 부모가 지녀야 할 마음가짐입니다. 부모가 평생 아이를 대신해서 살아줄 수는 없습니다. 알아서 고군분투하며 배우도록 놔두는 게 필요합니다.

어릴 때는 부모의 과잉보호를 받으며 가정 안에만 머물러도 큰 문제가 없었습니다. 하지만 점점 나이를 먹어가면서 학교생활과 공부, 친구 관계, 진로와 진학문제, 매일의 감정과 스트레스 등 스스로 책임지고 처리해야 할 일이 점점 늘어납니다. 스스로 부딪혀야 하는 삶의 문제와 고뇌들이 슬슬 늘어나는 것이죠. 사춘기에는 신체도 급격히 변화하고 점점 또래 친구들의 비중이 커지고 동시에 이성에 관한 관심도 커집니다. 이때 어떤 이유로든 아이를 세상에 내놓지 못하고 감시하고 통제하고 과잉보호한 부모 밑에서 자란 아이는 속마음을 들킬까 봐 오히려 짜증이 많아집니다.

아이가 힘들어한다고 해서 부모가 바로 문제를 해결해 주거나 무턱대고 위로부터 해 주는 것은 좋지 않습니다. 때로는 못 본 척 모르는 척하고, 힘들어도 혼자 일어설 수 있도록 기다려 줘야 합니다. 그래야 자신의 관점으로 재해석하면서 방법을 탐색해 스스로 문제를 해결하게 됩니다. 이런 경험이 쌓여 성장의 발판이 됩니다.

아이는 오롯이 자신의 내면과 관계를 잘 맺기 위해 자신이 주도하고 자신에게 집중하는 시간이 필요합니다. 아이의 시간과 공간을 방해하지 않는 엄마를 유명한 정신분석학자 도널드 위니캇Donald Winnicott은 '충분히 좋은 엄마good enough mother'라는 용어로 설명합니다. 아이의 자율성을 확보하도록 신경 쓰고 배려하는 것이야말로 혼자 있을 때 건강한 존재로 자라게 한다는 것입니다. 우리는 좋은 엄마가 되는 걸로도 충분합니다. 완벽한 슈퍼우먼 엄마가 될 필요는 없습니다.

아빠의 역할도 마찬가지입니다. 물고기를 잡아 주는 것보다 물고기 잡는 법을 알려 주는 역할을 담당해야 합니다. 자주 아이와 대화를 나누면서 고민하는 요소가 무엇인지 눈치채야 합니다. 친구, 학업, 진로 등 아이들이 자기 인생을 사는 데 버거움을 느끼고 있다면 경험이 더 많은 어른의 모습으로 들어주고 위안을 주세요.

아이는 아빠에게 허심탄회하게 속마음을 터놓는 것만으로도 에너지를 얻습니다. 자신의 고민을 들어주는 든든한 어른의 모습을 볼 테니까요. 아이 대신 문제를 해결하려고 나서는 것은 좋지 않지만 해결 방법을 제시해 주는 것은 아이에게 아주 유용할 수 있습니다. 그 방법을 선택하느냐 안 하느냐는 아이의 몫으로 남겨두어야 하지요. 설령 잘못된 방법을 선택했다고 하더라도 시행착오 끝에 배우는 게 있으니 아이를 철저하게 믿어 주는 것이 바람직합니다.

아이가 자신의 문제를 해결했을 때 아이는 한층 성장했다고 느낍니다. 마치 어른이 된 기분이죠. 물론 부모의 조언을 조금 첨가하기는 했지만 그것 역시 자신이 선택한 해결방법입니다. 이렇게 아이는 조금씩 자신만의 시간과 공간을 갖고 영역을 넓혀가며 멋진 인생을 향한 탄탄한 발판을 만들어 갑니다.

부모는
훌륭한 인성 교과서

한 워킹맘이 중학생인 아들에 대한 고민을 토로한 적이 있습니다. 그녀는 '오늘의 할 일 리스트'를 적어주고 퇴근한 후 자기 전에 점검했다고 합니다. 줄곧 그렇게 해 오다 보니 이제는 아이가 스스로 뭘 해야 할지 모르는 지경이 되었다는 것입니다. 특히 방학 때나 코로나 이후 집에 있는 시간이 많아지면서 문제가 생기기 시작했습니다.

스스로 선택하고 결정하지 못하는 아이들이 늘어나고 있습니다. 의외로 '착한 아이'들 중에 자기 생각이나 뜻이 아니라 부모와 교사의 뜻을 항상 우선시하는 경우가 많습니다. 칭찬과 인정도 중독될 수 있어서 그 맛에 길들여진 아이들은 타인의 기대에 부응하기 위해 부모나 교사의 요구에 순응합니다. 그런 아이들은 어린 시절부터 장난감과 책을 고를 때도, 식당 가서 메뉴를 고를 때도 쉽사리 선택하지 못하고 말끝마다 엄마한테 물어봅니다. 때로는 자신이 선택한 행동에 따른 결과를 책임지는 것이 불안하고 부담되어서 스스로 결정하는 것을 회피하는 아이도 있습니다.

하지만 언제까지 부모가 대신 선택하고 결정해 줄 수는 없습니다. 엄마가 보기에 아이의 선택이 돈과 시간을 낭비하고 나중에 후회할 게 뻔해 중간에 개입하고 싶을 때가 있겠지만, 조언하지 않고 때로는 아이 스스로 결정할 수 있게 맡기는 것이 좋습니다. 스스로 선택한 후 실패의 쓴맛을 보거나 후회와 자책, 반성 등을 해 본 경험은 분명 아이가 살아가는 데 도움이 됩니다.

온실 속의 화초는 오래가지 못합니다. 온실을 벗어날 용기도 없을뿐더러 비바람이나 강렬한 태양 빛을 견디지 못하지요. 외부환경만 탓하고 스스로 자생하려는 노력을 기울이지 못합니다.

아이의 인성은 저절로 길러지지 않습니다. 아이를 사랑한다는 이유로 작은 스트레스나 소소한 시련조차 부모가 해결한다면 아이는 자신의 길을 개척하고 도전해야 할 필요를 전혀 느끼지 못할 것입니다.

자기주도력 있는 아이들의 부모들은 대체로 이런 습관을 지니고 있습니다.

- 아이의 성장 발달에 맞춰 아이의 판단에 맡기는 습관
- 정보는 수집해 주되, 가장 좋은 것을 스스로 선택하게 하는 습관
- 부모 스스로 자신을 성장시키는 취미와 일에 몰두하는 습관

부모가 끊임없이 배우는 과정을 보이면 지켜보는 아이는 덩달아 성장하게 마련입니다. 자기계발을 위해 노력하는 모습을 지켜보며 '성실'과 '노력'이라는 삶의 의미를 자연스럽게 알아갑니다.

부모는 그 과정에서 겪는 심리적 갈등이나 어려움, 열정과 실패, 성과를 아이에게 들려주어도 좋겠습니다. 그동안 '어른'에 대한 고정관념을 깨주는 것입니다. 언제나 완벽하고 실수하지 않는 사람이라는 인식을 지우고 자신이 성장해 나가는 모습을 그려 보게 될 것입니다.

현명한 부모는 건강하고 유익한 삶의 모습을 지속해서 일관성 있게 보여 주고 함께 실천하며 아이 스스로 깨닫게 합니다. 부모 스스로 바른 인성을 가지려고 노력하는 그 몸부림 자체가 살아 있는 교육입니다. 모범을 보이고 함께 실천해 나가는 부모야말로 가장 훌륭한 인성 교과서입니다.

자기긍정감으로 감정의 주인이 된다

아이를 낳기 전과 후의 크리스마스는 참 다릅니다. 그전에는 내가 받을 선물이 기대되었지만, 이제는 내가 아이에게 무엇을 어떻게 해줄까 하는 즐거운 고민이 더 큽니다. 그런데 어느 순간 아이를 키우면서 크리스마스 시즌에 들리는 캐럴이 거슬린 적이 있습니다. "울면 안 돼. 울면 안 돼. 산타할아버지는 우는 아이에게 선물을 안 주신대요." 이 가사가 자꾸 귀에 거슬렸습니다. 왜 그럴까 생각해봤습니다. 울고 싶을 땐 울어도 되는데, 사실 부모는 내 아이니까 그냥 주고 싶어서 주는 것이지 착한 일을 했다고, 뭔가를 잘했다고 주는 조건적인 사랑이 아닌데, 그 가사에서 감정을 억압하는 듯한 느낌을 받았습니다. 물론 제가 이 가사를 확대해석한 것일 수도 있습니다. 생떼 쓰는 아이들을 달래려고 하는 의도로 쓰였겠지요.

화가 날 때는 화가 난다고 말해도 됩니다. 중요한 점은 화를 내는 그 자체가 아니라, 화가 난다고 정확하게 말로 표현할 수 있게 끌어내 주는 것입니다. 구체적인 말과 글로 자신의 감정을 표현하는 순간 스르르 마음속 응어리가 풀리면서 시원해집니다. 그러면 순간 엉킨 감정의 가지치기가 잘 이뤄집니다.

요즘은 우리 아이들이 워낙 스마트폰을 보며 지내는 시간이 많기에 사이버상에서 자존감이 제대로 형성되기도 전에 상처받는 일이 허다합니다. 친구들 사이에서 단톡방 등을 통해 이뤄지는 사이버 폭력도 문제지만 때론 SNS 계정에서 얼굴도 모르는 사람들이 남기는 댓글에도 무방비하게 노출되어 상처받는 일이 많습니다.

아이가 모르는 사람이든 잘 알고 지내는 사람이든 비방과 비난으로 수치심을 느끼거나 마음의 상처로 괴로워한다면 '자신의 탓'이 아니라는 것을 꼭 알려 주세요. 화나거나 수치심을 느끼거나 하는 모든 감정 자체는 나쁘고 부정적인 것이 아니며 때로는 남이 나에게 강제로 주입한 잘못된 정보로 내 마음이 힘든 것임을 잘 인지시켜 주는 것이 중요합니다.

아이들은 아직 경험치가 어른과는 다르기에 다른 존재와의 상호작용에 대한 기준과 원칙을 세운 경험이 많이 부족합니다. 그래서 감정에 무방비 상태가 될 때가 있습니다. 이 과정에서 아이는 부모에게 고자질할 수도, 자신의 감정을 인지할 수도 있습니다.

내가 무엇을 잘해서가 아니라 나는 그 자체로 귀하며 아무도 나의 감정과 생각과 마음을 괴롭게 하고 구속할 수 없다는 것. 결국 어떤 일이 발생하는 것은 어떻게 내가 할 수 없지만, 그 후에 나의 반응과 감정과 생각은 내가 주도권을 가지고 선택할 수 있다는 걸 알려 주면 자유롭고 주도적으로 살 수 있습니다.

자신을 존중하고 가치 있는 존재로 느끼면서 내가 누구인지 자각하고 스스로에 대한 애정과 사랑이 기초로 자리 잡아야 자신을 관리하고 절제할 수 있습니다.

사람의 인격과 인성은 주변 사람들과 관계를 맺고 그 관계를 지속하는 과정에서 성장합니다. 하지만 관계에만 얽매이고 파묻히면 그 안에서 정해진 자신의 이미지와 역할에 갇혀서 앞으로 나아가지 못하고 자신의 진정한 바람과 욕구를 무시하게 될 위험성이 큽니다. 'YES'라고 말하고 싶을 때는 당당히 '예스', 'NO'라고 말해야 할 때는 당당히 '노'라고 말할 수 있어야 합니다.

아이에게 어린 시절부터 진정으로 바라는 것과 자신의 욕구를 잘 구분하고 표현하는 훈련을 하도록 도와주세요. 그 과정에는 많은 시도와 성찰 그리고 시간이 필요합니다.

스트레스 관리를 통한 행복 충전법

성인들과 마찬가지로 아이들도 외모, 성적, 진로 문제, 친구관계, 가족관계 등 여러 문제로 많은 스트레스를 받습니다. 그렇기 때문에 스트레스에 주목하고 대처하는 방법을 어릴 때부터 배우도록 하는 것이 중요합니다. 세상은 자신이 원하는 대로 계획한 대로 되지 않고 사회의 규칙과 규범, 문화는 기본적으로 마냥 즐겁기만 한 것이 아니라 스트레스를 받을 수도 있다는 걸 말해 주세요. 또한 사회 속에서 사람들이 어울려 조화롭게 살기 위해서는 기꺼이 스트레스를 감당해야 한다는 것도 말해 주세요.

삶을 포기하고 싶을 만큼 지쳐 있는 10대 자녀의 마음을 보살피기 위해서는 무엇이 필요할까요? 현실적으로 학생들을 만나면 지나친

교육열을 비판하거나 사교육을 줄여야 한다는 담론은 위로가 되지 못하는 듯합니다. 분노를 조절하고 스트레스를 관리할 수 있는 마음의 힘을 키워주는 게 차라리 낫습니다. 삶은 매 순간 행복할 수도 없고 매번 만족할 만한 순간으로 가득 찬 게 아니기 때문입니다.

아이들은 의외로 막연하고 모호한 것에서 더 스트레스를 받는 경향이 있으므로 구체적으로 진단하고 안내하며 자기 자신에게만 오롯이 관심 가져주며 함께 헤쳐나가는 코칭을 좋아합니다.

어려운 일이 생기거나 실패했을 때 쉽게 낙심하는 것은 선택지가 적어서일 수 있습니다. 자녀에게 항상 '다른 방법은 없을까?'라는 여러 방식으로 시도할 수 있는 융통성을 길러서 선택지를 늘려 주는 것이 스트레스를 줄이는 한 방법입니다. 그러기 위해서는 같은 대상이나 사건이라도 각도를 달리해 다양한 시각에서 볼 수 있도록 해야 합니다. 컵에 물이 반 정도 있을 때 '절반밖에 남지 않았다'라고 생각하는 사람과 '아직 절반이나 남았어'라고 생각하는 사람에게 스트레스는 각각 다르게 다가옵니다.

그리고 무엇보다 도움을 청할 수 있는 용기를 길러 주세요. 너무 힘들 때 누군가에게 도움을 청할 수 있는 용기는 스트레스를 이겨내는 힘이 되고 결국은 삶을 극복하는 힘이 됩니다.

또 다른 스트레스를 이기는 근본적인 방법이 있습니다. 바로 결핍과 어려움을 이길 자신만의 도피처인 몰입할 대상을 찾게 하는 것입니다. 몰입은 그 순간의 대상에 완전히 빠져들어 극도의 집중 상태가 되는 것을 말합니다. 이런 상태일 때 집중력이 최고조에 달해 성취도가 높아집니다.

2020년 봉준호 감독이 아카데미 무대를 휩쓸었을 때 묵묵히 옆자리를 지킨 인물이 있었습니다. 바로 '샤론 최'라는 이름의 통역사입니다. 이 분은 불과 2년 정도밖에 되지 않는 미국 생활을 바탕으로 세계 최고 시상식 자리에 당당히 통역사로 이름을 빛냈습니다. 모든 사람들이 그에게 이렇게 묻습니다. "어떻게 그렇게 영어를 잘할 수 있게 되었나요?" 대한민국 모든 학부모의 공통질문이기도 하죠. 이 뻔한 물음에 샤론 최는 우리가 바라던 예상을 깬 대답을 합니다. "덕질이 최고의 공부법입니다." 이 말은 자신이 최고로 집중할 수 있는 대상을 이용하라는 겁니다. 그것이 설사 아이돌이든 영화든 만화든 상관 없습니다. 집중력이 최고로 자리 잡을 때 이를 공부로 전환시키는 겁니다. 이것이 몰입의 효과입니다.

한 중학생이 상담 중에 아무것도 하기 싫다며 제게 이렇게 말했습니다.

"엄마가 뭘 하든 시작했으면 무조건 끝까지 해야 한대요. 가벼운 마음으로 해 보려고 해도 엄마는 컴퓨터를 배우면 자격증을 꼭 따야 한다고, 피아

노는 체르니까지 꼭 쳐야 한다고, 수영은 고급반으로 배영, 접영도 마스터 해야 한대요. 그래야 돈이 안 아깝다면서…. ”

뭔가를 시작하면 자신에게 잘 맞는지 아닌지 확인하는 탐색의 시간이 필요합니다. 시작할 때부터 꼭 성과를 내야 한다는 부담을 가지면 뭔가를 시도하고 몰입하는 데 걸림돌이 됩니다.

진로상담이나 강의할 때 많이 듣는 질문이 있습니다. '잘하는 것이 중요하냐, 좋아하는 것이 중요하냐?' 라는 질문입니다. 딱 잘라 답하기가 어렵지만, 분명한 점은 좋아하는 것을 꾸준히 하다 보면 최고가 될 순 없어도 행복해질 수는 있다는 것입니다. 그런 사람은 결국 실패가 아니라 목표를 수정해서 자신이 궁극적으로 바라는 것을 누리게 되는 것을 보았습니다.

스티브 잡스는 친부모에게 버림받은 아픔과 결핍이 있었지만 독서, 과학, 음악, 미술, 여행 등으로 극복하고 성장했습니다. 역사 속 여러 위인 중에서도 아픔과 결핍 속에서 버티게 해 준 몰입의 대상이 있었습니다. 자녀가 건강한 몰입의 대상을 찾을 수 있도록 잘 관찰하고 존중하는 것만으로 아이의 열정을 회복시키고 자기주도력을 갖게 할 수 있습니다.

한 조사기관에서 사람들이 무엇을 할 때 가장 행복을 느끼는지 설문조사를 한 적이 있습니다. 그 결과 '맛있는 음식을 먹을 때와 좋은 사람들과 대화할 때'가 가장 행복한 순간으로 조사되었습니다.

우리는 자녀와 이런 소중하고 행복한 순간을 얼마나 가지고 있을까요? 거창한 것에서 행복을 찾기보다 소소한 행복과 지금 당장 언제 행복한지를 구체적으로 알아야 합니다. 서울대학교 행복연구센터의 최인철 교수는 '행복의 기본정석'이라는 강의에서 이런 말을 했습니다.

"행복한 사람은 자신이 행복을 느끼는 때를 비교적 정확하게 아는 것에 비해, 스스로 불행하다고 느끼는 사람은 행복한 상황은 잘 떠올리지 못하는 반면, 불행한 상황에 대해서는 정확하게 인식합니다."

언제 무엇을 할 때 행복한지를 스스로 명확하고 구체적으로 잘 알면 타인이 아닌 자기 스스로 그 욕구를 채워 줄 수 있습니다. 또한 상황을 보다 주도적으로 변화시켜 자신을 행복한 상태와 지점으로 이끌 수 있습니다.

저는 향긋한 원두커피를 내려 컴퓨터 앞에서 책을 읽고 글을 쓰고 강의를 구성하는 창의적이고 생산적인 일에 집중할 때 정말 행복합니다. 누구의 방해도 없이 혼자만의 시간 속에서 몰입하는 것을 좋아합니다. 엄마가 된 후에는 아이의 통통한 볼, 살결과 머리 냄새, 발바닥까지 아기 몸을 껴안고 뽀뽀하는 스킨십을 통해 순간의 행복감을 채웁니다. 아기와의 교감을 통해 한순간에 엔도르핀을 얻을 수도 있다는 것을 경험하기도 합니다.

'나'는 어떨 때 행복하고 그 행복감으로 긍정적인 정서를 유지하며 일상을 영위해 가나요? 아주 정확하고 구체적으로 알아야 합니다. 이를 충족해 감으로써 긍정적인 기분과 정서를 유지할 때 분노와 짜증 낼 일이 줄어듭니다. 독서, 운동, 음악 감상, 악기연주, 마사지받기 등 행복감을 높여 주는 취미와 활동은 참 많습니다.

우리 아이들도 마찬가집니다. 어떤 상황에서 행복을 느끼는지, 어떻게 해야 욕구가 충족되고 스트레스가 풀리는지 스스로 깨닫게 도와주세요. 감성과 정서가 긍정적으로 충족되어야 뭐든 할 힘이 생깁니다.

현명한 부모는 아이의 건강한 인성을 위해 기분과 감정을 전환하는 방법을 가르쳐 주고 제대로 된 여유와 유머 감각을 키워줍니다. 우울하거나 지치고 힘들 때는 그런 부정적인 기분과 감정을 억누르지 말고 자연스럽게 전환하도록 물꼬를 트여 주는 게 중요합니다.

유머야말로 상황을 반전시키는 큰 웃음을 선사하고 행복감을 회복시켜 주는 최고의 묘약입니다. 유머는 최고의 지능이자 매력이 아닌가 싶습니다. 자녀에게 유머 감각을 키워 주면 마이너스도 플러스로 역전시키는 실력이 됩니다.

제인 구달의 인성 그릇

'생태전환교육'은 서울시교육청의 중장기 교육 발전 계획 중 하나입니다. 기후 위기 시대를 맞아 인간 중심적 사고에서 벗어나 인간과 자연의 공존과 지속가능성을 위해 생각과 행동의 총체적 변화를 추구하는 교육입니다.

이에 맞춰 서울시교육청은 초·중·고 내에서 다양한 교육 프로그램을 준비하고 있습니다. 그중 'ESG'가 화두가 되고 있습니다. ESG는 환경environmental, 사회social, 지배구조governance의 약칭으로 기업의 '사회적 책임'을 표현하는 단어입니다.

환경파괴와 지구온난화에 대한 관심은 오래되었지만, 전 세계가 코로나 팬데믹을 겪으며 생태계 및 자연과 인간의 공존을 더 심각하게 걱정하게 되었습니다. 또한 소수보다 전체에 유익하고 선한 것이 무엇인지 생각하는 사고의 중요성도 커지고 있습니다.

환경과 생명의 가치를 알고 생태전환을 실천하는 '생태시민의식' 또한 인성적 자질 중 하나입니다. 미래형 인재가 갖춰야 할 중요한 자질과 역량 또한 인성교육을 통해 길러집니다. 생태전환교육과 ESG 교육은 환경과 사회 그리고 시민의식을 키울 수 있기에 인성교육에서 중요한 콘텐츠가 됩니다. 무엇보다 미래 사회를 살아갈 우리 아이들은 인성적 자질과 첨단기술이 만났을 때 엄청난 시너지를 낼 수 있으므로 이 둘의 조화는 필수입니다.

이처럼 새로운 가치가 대두되는 세상에서 부모가 키워줘야 할 인성의 영역이 있습니다. 바로 '환경과 생명의 가치를 알고 공존하는 인성'입니다. 그런 차원에서 '제인 구달'은 요즘 부모들에게 많은 영감을 던져 줍니다.

제인 구달이 두 살 정도 되었을 때입니다. 어린 제인이 지렁이와 벌레들을 한 움큼 방 안 침대로 가지고 들어왔습니다. 엄마는 어린 제인을 혼내거나 지렁이와 벌레가 징그럽고 무작정 내다 버리지 않고 아이의 행동을 인정하고 존중했습니다.

"네가 그렇게 데리고 오면 벌레들은 다 죽을 거야. 흙으로 돌려보내야 살 거란다." 이렇게 설명한 뒤 아이를 다독거려 함께 지렁이와 벌레를 잘 관찰하고 돌려보낸 일화는 유명합니다.

그녀의 어머니는 당시 구하기 매우 힘든 동물도감 등의 책들을 끊임없이 사다 줬습니다. 이런 어머니의 영향으로 제인은 틈나는 대로 주변 동물과 자연에 호기심을 가지고 탐색하면서 자랐습니다. 그러면서 그녀는 점점 동물을 사랑하게 되었고 아프리카 동물들에 대한 꿈을 꾸게 되었습니다.

한 번도 가보지 못한 아프리카지만 그녀는 아프리카에서 동물에 관한 책을 쓰며 살고 싶었습니다. 하지만 형편이 어려워 고등학교를 졸업한 후 비서로 일해야 했던 그녀는 일하면서도 여전히 아프리카를 동경하며 지냈습니다. 그러던 그녀에게 행운이 찾아옵니다. 케냐 친구가 그녀를 아프리카로 초대한 것입니다. 제인은 친구의 편지를 받고 아프리카로 떠나고자 5개월간 음식점에서 아르바이트하며 번 돈으로 낡은 화물선을 타고 아프리카로 향했습니다.

그런 그녀에게 두 번째 행운이 찾아왔습니다. 바로 케냐에서 초기 인류의 기원에 관해 연구하던 고인류학자 루이스 리키 박사를 만나 비서이자 연구원으로 일하게 된 것입니다. 대학도 나오지 않고 과학 실험 훈련도 받지 않은 여성에게 세상은 많은 편견과 걱정을 던졌습니다. 하지만 그녀는 인내와 끈기, 열정만으로 그 일을 해냅니다.

1965년 케임브리지 대학에서 학사 학위 없이 곧바로 박사 학위를 받은 제인 구달은 이후 침팬지 연구뿐 아니라 환경보호와 지역사회 연구 등 다양한 방면으로 활동 영역을 확장합니다. 연구도 중요하지만 연구 대상인 침팬지들이 없어지지 않도록 자연을 보호하는 것이 더 시급하다는 생각이 들었기 때문입니다.

그 이후로 제인 구달은 침팬지 연구를 하는 동물학자이면서 환경 운동가로 전 세계에 영향력을 발휘합니다. 일평생 오직 침팬지만 연구해 온 제인 구달은 전 세계에 동물에 대한 사랑과 지구의 모든 동물과 인간의 평화에 대한 메시지를 전하고 있습니다.

"지구상에서 우리가 가장 지적인 존재라고 하면서 어떻게 이 지구를 파괴할 수 있나요?"

이제 부모는 우리 아이들이 자연을 아름답고 소중하게 여기고 환경파괴 문제에 대한 감수성과 민감성을 갖도록 인성교육을 구체적으로 해야 합니다. 더 나아가 가정에서 부모가 먼저 실천하고 참여하는 태도를 보이는 게 좋습니다. 중요한 것은 자연환경을 아끼고 보호해야 할 대상이기 이전에 더불어 살아가야 할 삶의 터전이라는 인식이 먼저입니다.

자연과 더불어 살기 위한 환경교육, 생명의 소중함을 배우는 동물보호교육을 통해 아이의 호기심을 존중하고 자연을 벗 삼아 자연 속에서 정서 발달이 지속적으로 이뤄지도록 도와주세요. 자연은 인간의 궁극적인 스승이며 그 경이로움 속에서 감탄하는 경험이 아이의 감성과 인성을 발달시킵니다.

현명한 부모는 자녀의 정서와 인성, 창의성을 건강하게 발달시키기 위해 어떻게 하면 콘크리트와 플라스틱, 스마트 기기가 아닌 흙과 나무와 풀과 사람과 동물을 접하게 할 수 있을까를 진지하게 고민합니다.

자극적이고 빠른 영상에 노출되고 익숙한 아이들은 지루해할 수도 있습니다. 고개를 들어 맑고 푸른 하늘을 보게 하고, 신선한 공기와 바람을 느끼게 해 보세요. 물소리로 평정심을 되찾고, 새소리로 감각을 일깨우고, 흐드러지게 핀 들꽃과 이름 모를 풀을 보며 향기를 맡게 하세요. 푸릇한 나무와 반짝이다 못해 눈 부신 햇살에 감탄하게 하면 아이는 자연에서 평화와 안정을 느낍니다. 자연을 통해 지혜와 몰입, 평화를 배우고 더 나아가 우주 자연 만물 앞에서 겸손한 태도를 갖추게 됩니다.

무엇보다 인성교육에서 중요한 점은 행동 규범을 외우고 지키는 것만이 아니라
자신과 다른 사람의 마음을 들여다보고 그 사이에서 바람직한 선택을 하고
행동하는 기회를 주는 것입니다

5장

옳고 그름을 분명히 아는 바른 가치관과 도덕성

미국 체로키족의 나이 많은 추장이 손녀에게 말했다.

"우리 마음에는 두 마리의 늑대가 살고 있단다.

그 둘은 항상 싸우곤 하지. 한 마리는 나쁜 늑대야.

분노, 질투, 슬픔, 후회, 욕심, 오만, 자기 연민, 거짓, 허영, 헛된 자존심이지.

다른 한 마리는 착한 늑대란다.

기쁨. 사랑, 희망, 친절함, 겸손, 동정, 긍정, 너그러움과 믿음이야."

마음속 두 마리의 늑대 이야기를 들은 손녀가 물었다.

"그럼 그중 어떤 늑대가 이기나요?"

추장은 이렇게 대답했다.

"네가 더 많은 먹이를 주는 늑대가 이기게 된단다."

미국 인디언에게 내려오는 민담

아이들의 필수 명품, 자존감

아시아 최초로 아카데미 각본상을 수상한 영화 〈기생충〉은 참 많은 것을 느끼게 합니다. 영화에 나오는 기우의 동생 기정은 오빠에게 ○○대학교 재학증명서를 위조해 주고 기우는 이렇게 말합니다 "저는 이게 위조나 범죄라고 생각하지 않아요. 저 내년에 이 대학에 꼭 갈 거거든요." 저는 이렇게라도 하지 않으면 도저히 제대로 살아갈 수 없는 세상이구나 싶어 영화를 보는 내내 복잡미묘한 감정을 느꼈습니다.

"건물주, 연예인, 유튜버, 부자와 결혼하기, 공무원, 수급자."

실제로 청소년 사이에서 인기 있는 장래희망 직업입니다. 여전히 교사, 의사, 경찰이 순위에 있지만, 건물주, 주식투자자, 가상화폐 전문가 등 '돈'과 관련된 직업이 굉장히 많이 증가했습니다.

초등학교 고학년 아이부터 고등학생까지 뇌 구조를 그려 보면 온통 '돈'이라는 단어밖에 없습니다. 아이들 역시 어른들처럼 대한민국에서는 '조물주 위에 건물주'라면서 건물주가 최고라고 외칩니다. 빌거지, 전거지, 엘사(LH 임대아파트 사는 애들) 등 어느 아파트에서 살고 있는지 서로 비교하는 시대, 아침에 일어나자마자 바로 스마트폰부터 보고 SNS에 둘러싸여 사는 시대이다 보니 보이는 게 무척 중요한 세상입니다. 더욱더 아이들의 상대적 박탈감과 열등감은 커져만 가죠. 그래서 아무것도 물려주지 못하는 우리 부모님이 야속하기도 하고 아무리 노력해도 뭔가 이룰 수 없는 불공정한 세상에서 나는 그저 '루저(낙오자)'로 보이기도 합니다.

아이들은 어른들이 체감하는 것 이상으로 우리 집과 경제적 수준이 어떤지 잘 압니다. 그리고 세상이 얼마나 불공평한지도 잘 알고 있습니다. 그리고 이 불공평한 세상에서 살아남으려면 그나마 공부밖에 없다는 것도 잘 압니다. 그래서 공부를 열심히 하라는 부모의 말이 맞는다는 걸 머리로는 알지만 그토록 부모가 간절히 원하는 전교 1등 성적표는 가져다줄 수 없어 괴롭기만 합니다.

가장 부유하게 태어나서 가장 가난하게 살아가게 될 세대라는 MZ세대. 부모 세대는 경제 성장과 함께 '열심히', '노력'하면 어느 정도의 부를 이뤄냈지만 요즘 아이들은 시작부터 허탈감을 느낍니다. 성실하게 노력해도 보상이 보장된 사회가 아니라는 것을 잘 알고 있기 때문이죠. 가장 부유하지만 실제로 정신과 마음은 말할 수 없는 결핍으로 참 허기진 아이들입니다.

그런데 가만히 생각해 보면 이것들은 부모 세대가 물려준 인식의 가치입니다. 물질만능주의나 자본주의 사회의 계층 인식은 어른인 우리가 자주 입에 올리고 문제시하면서 질투와 탐욕, 시기와 부러움을 동시에 느끼고 있지요. 이것이 아이들 세대까지 전달된 것입니다. 아이들이 이기적 문화를 양산하고 없는 사람을 무시하거나 이용하는 시대에 살아가면서 대부분 주변 어른들의 대화나 인식에서 보고 배웁니다. 특히 부모의 위치에서 하는 발언은 아이의 가치관에 매우 큰 영향을 미칩니다. 아이들의 인식을 문제 삼기 전에 양육자인 우리의 사고와 인식을 돌아봐야 하는 이유입니다.

몇 년 전 초등학교 4~6학년 학생 대상으로 진로 특강을 하면서 버킷리스트를 작성해 보라고 한 적이 있습니다.

"페라리, 람보르기니, 벤틀리, 샤넬, 롤렉스, 영앤리치young & rich"

흔히 볼 수 없는 고가의 명품 이름이 적혀 있었습니다. 이미 아이들은 '작은 어른'이 되어버렸습니다. 아이들의 눈과 뇌는 지질한 세상과 달리 SNS 안의 화려한 세상에 익숙해진 듯합니다. 인플루언서들이 천국과 같은 자연 풍경이 펼쳐진 호텔에서 여유 있게 쉬는 모습을 플렉스(자랑하는 행위)하고 또 명품가방과 옷과 액세서리에 슈퍼카를 운전하는 모습을 자랑합니다. 이 중에는 거짓인 경우도 많고 겉만 화려할 뿐 속은 불행한 사람들도 많습니다.

란 응우옌 채플린Lan Nguyen Chaplin 심리학자와 데보라 레더 존Deborah Roedder John은 자존감과 물질주의가 어떤 연관이 있는지 실험했습니다. 그들은 어린이들에게 먼저 자존감에 대한 설문조사를 한 뒤 이어서 '나를 행복하게 하는 것'이라는 주제로 콜라주를 만들게 했습니다. 그러자 자존감이 낮은 아이일수록 자신이 소유하고 있는 물건을 붙이는 결과가 나왔습니다. 자존감이 낮을수록 자신의 결핍을 외적으로 채우려는 경향이 나타난 것입니다.

요즘은 이 양상이 더 빠르고 심각합니다. 초등학교만 졸업해도 예뻐지겠다고 쌍꺼풀 수술은 기본으로 하려 하고 고학년 여학생들은 지방흡입술을 해 달라고 조르기도 합니다. 또한 메이커 옷과 신발, 가방 등에 집착하기도 합니다.

놀라운 현상은 이어진 실험에서 나타났습니다. 아이들을 짝지은 다음 서로 자신의 장점을 종이에 적게 하고, 교환해서 보게 한 후, 다시 한번 콜라주를 만들게 했습니다. 그 결과 종이에 '물건'을 붙이는 비율이 확실히 줄어들었습니다. 자존감이 낮은 아이들이 자신의 장점을 깨닫고 결과가 달라진 것입니다. 물질주의자라서 자존감이 낮은 게 아니라, 자존감이 높으면 물질적인 것만 보지 않고 내적인 모습도 볼 수 있습니다. 만약 경제력으로 생긴 자존감이라면 진짜 자존감이 아닙니다. 돈이 사라지면 같이 자존감도 사라집니다.

어플루엔자affluenza는 '풍요'라는 의미의 어플루언스Affluence와 '유행성 감기(질병)를 뜻하는 인플루엔자influenza가 결합된 단어입니다.

한마디로 '부자병'이라는 말입니다, 풍요로워질수록 더 많은 것을 욕망하는 현대인의 탐욕이 만들어 낸 질병이라고 할 수 있습니다. 미디어와 SNS의 발달로 사람들은 욕망과 소비에 실시간 연결되어 있습니다. 소비지상주의와 외모지상주의가 합쳐지면서 이 질병은 더욱 심각해지고 있습니다. 주요 증상으로 무력감과 열등감, 과도한 스트레스, 채워지지 않는 욕구, 쇼핑 중독, 만성 울혈, 우울증, 감정 통제의 불능 등이 있습니다. 다음은 어플루엔자(부자병) 진단 문항입니다.

다음의 문장에 '예' 또는 '아니요'로 답하세요.

▶ 정말 부자가 되고 싶다.
▶ 유명해지고 싶다.
▶ 나이가 들어가는 흔적을 감추고 싶다.
▶ 찬사를 받고 싶다.
▶ 사람들이 내게 매력적이라고 말해 주면 좋겠다.
▶ 헤어스타일이나 패션에서 뒤떨어지고 싶지 않다.
▶ 대중매체에 내 이름이 자주 오르내렸으면 좋겠다.
▶ 내 것과 남의 것을 자주 비교한다.
▶ 그 사람이 무엇을 소유하고 있는가가 그 사람만큼 중요하다.
▶ 쇼핑에 온통 정신이 팔려 있다.
▶ 내 성공에 도움이 되지 않는 친구라면 관계를 끊는다.
▶ 어떤 일을 할 수 있는가보다 그 일로 무엇을 얻을 수 있는가에 더 관심이 많다.
▶ 값비싼 집과 차, 옷을 소유한 사람들이 부럽다.
▶ 지금 내가 갖지 못한 것을 소유할 수 있었다면 내 삶은 더 훌륭했을 것

이다.

▶ 앞으로 내가 소유할 것들이 내 삶을 규정할 것이다.

▶ 호화롭게 살고 싶다.

어떤 질문에든 '예'라고 대답했다면 당신은 이미 어플루엔자 바이러스에 감염된 것입니다. 또 '예'라는 대답이 많을수록 당신은 더 심각하게 감염되었습니다.

출처:『어플루엔자』(알마, 2012)

올해로 102세가 되신 연세대학교 철학과 김형석 교수가 행복에 관해 논한 이야기가 떠오릅니다. 세상에는 아무리 행복하고 싶어도 행복해질 수 없는 부류가 있다고 합니다. 정신적 가치를 모르는 사람입니다. 물질적 가치만 추구하는 사람은 만족을 모르기 때문에 아무리 더 많은 부가 쌓여도 행복해지지 않습니다. 방안을 가득 채운 명품들이 있어도 새로운 명품을 손에 쥐어야 행복이 느껴집니다. 반면, 정신적 가치는 흔들림이 없기 때문에 더 많은 것을 추구하고 더 멋진 것을 좇지 않습니다.

아이들에게 필요한 것은 정신적 가치를 소중히 여기며 자신이 가진 작은 것에 만족하는 겁니다. 내 옆 친구와의 수다가 행복하고 저녁 반찬으로 나온 불고기가 맛있어서 행복하고 TV에 나온 멋진 아이돌에 열광할 수 있어서 행복한 것. 이것이 바로 물질에 현혹되지 않고 내가 가진 진정한 가치를 바로 보는 일입니다.

아이의 동기와 의도를 읽는다

어린 시절 「개미와 베짱이」 동화는 모두 읽어보았을 거예요. 어른들은 베짱이처럼 게으르게 살지 말고 개미처럼 근면 성실하게 살아야 한다고 교육했습니다. 그런데 지금 관점에서 보면 베짱이는 예술가나 창작자일 수 있습니다. 개미처럼 사는 것만이 인생사에서 완벽한 정답은 아닙니다. 오히려 베짱이가 게을러 보이지만 음악을 만들어 저작권 수익으로 더 풍요롭게 살 수도 있습니다.

저는 진로교육 시 무조건 개미처럼만 살라고 하지 않습니다. 솔직히 인생은 시험 문제가 아니므로 딱 정해진 정답은 없기 때문입니다. 개미든 베짱이든 자신이 중요하다고 여기는 가치관에 따라 삶을 사는 것이고 결국 선택과 책임은 온전히 자기의 몫이기에 저는 자기주도적 라이프스타일을 더 강조합니다.

요즘 아이들이 선호하는 직업에 '유튜버 크리에이터'가 있습니다. 만약 내 아이가 유튜버가 되고 싶다고 하면 어떻게 해야 할까요? 무작정 하지 말라고 해야 할까요, 아니면 한번 해 보라고 고가의 장비를 사 줘야 할까요. 일단 아이가 왜 유튜버가 되고 싶은지 의도를 헤아려 봐야 합니다. 그저 단순한 마음으로 좋아하기도 하겠지만 청소년들이 유튜버를 꿈꾸는 계기를 들어보면 재미있고 쉽게 돈을 벌 수 있다는 '욕망'이 숨어 있기도 합니다. 어른인 우리도 인기 유튜버의 수익이 몇십억이 넘는다는 둥, 빌딩을 샀다는 둥 하는 말을 들으면 직장에 매여 박봉에 시달리는 자신의 처지에 상대적 박탈감을 느끼기도 합니다. 죽어라 일해도 늘 보상이 부족하게 느껴지듯 아이들은 '공부를 왜 열심히 해야 하지? 공부해도 취직도 못 하는데. 차라리 먹방으로 별풍선이나 받는 게 낫지.' 하는 생각을 합니다.

언뜻 봐서는 유튜버들이 어떤 큰 노력이나 전문 실력 없이 부를 쉽게 누리는 것 같지만, 사실 유튜버들도 뼈를 깎는 노력을 통해 성과를 이룬 것입니다. 성공한 유튜버들의 인터뷰를 보면 한결같이 '성실'과 '끈기'를 강조합니다. 어떤 콘셉트를 가지고 어떤 내용으로 하면 재밌을까 끊임없이 고민하며 조회수가 많은 영상을 비교 분석합니다. 또한 사회 현상에 대한 트렌드를 알아보는 안목을 키우기 위해 정말 많이 공부하고 연구합니다. 기획, 콘텐츠 개발, 촬영, 편집까지 이 모든 과정에서 어마어마한 수고와 능력이 필요한 작업입니다. 그러나 아이들의 눈에는 숨어 있는 '인내'와 '노력'은 보이지가 않는 것 같습니다. 그래서 이런 부분에 대해 살필 수 있도록 부모가 도와줘야 합니다.

요즘은 우리 부모들도 유대인 부모처럼 어린 시절부터 경제교육의 필요성을 느끼고 어떻게 교육하면 될지를 고민하는 이들이 늘고 있습니다. 실질적인 경제교육, 금융교육은 정말 중요합니다. 그런데 경제교육과 더불어 윤리교육도 함께 이루어져야 하는데 제대로 된 윤리 지능은 키워주지 못하고 오로지 욕망에 반응하라고 부추기기만 하는 것 같습니다.

요즘은 아이들이 어른들의 상상 이상으로 돈에 집착하고 잘못된 선택을 하는 경우가 늘고 있습니다. 개인 SNS나 영상, 연예 기사 등 아이들이 관심을 가지고 찾아보는 것들은 부의 과시나 보여 주기식 삶을 영위하는 것들이 많습니다. 이를 거르지 않고 그대로 받아들이는 아이들은 타인의 삶을 동경하게 되지요. 무한 가능성을 가지고 자신도 그렇게 살리라 다짐합니다. 노력으로 흘린 땀방울의 가치보다 허영을 먼저 배워버리게 되는 것입니다. 부모의 재력이 뒷받침되는 아이들은 스스로 노력하기를 포기하기도 합니다. 자신의 노력으로 단계를 밟아 올라가기보다 부모의 덕으로 승승장구하기를 바랍니다.

삶의 의미는 결코 '부'에 있지 않습니다. 삶의 풍요로움을 더하는 가치도 마찬가지입니다.

진정으로 아이가 행복한 삶을 살기 바란다면 아이가 뭔가를 시도하고 간절히 바랄 때 그 동기를 살펴보는 세심함이 필요합니다. 아이가 열등감이나 그저 있어 보이고 싶은 허영심과 허세 그리고 막연한 동경, 수치심, 불안, 분노 등으로 무언가를 추구하는 것은 아닌지 살펴봐 주세요. 이런 상처받은 마음, 부정적인 동기로는 무엇을 치열하게 추구한다고 한들 먼 훗날 곪아 터진 부정적인 결과가 나오기 때문입니다.

부모는 동기와 과정이 결과보다 훨씬 더 중요하다는 사실을 아이에게 알려 주고, 긍정적으로 그 과정을 이뤄나가도록 도와주세요. 속도보다 방향, 결과보다 과정이 중요하다는 점을 잊지 마세요.

끊임없이
질문하게 하라

과학기술이 최첨단으로 발달하는 시대에 참과 거짓을 구분하는 능력이 점점 중요해지고 있습니다. 불확실한 정보가 마구 쏟아지는 정보의 홍수 속에서는 필수요소가 되었습니다. SNS를 통해 '행복하게 연출된 모습'보다 '진짜 나의 행복'을 정의하는 것도 참과 거짓을 구분하는 중요한 능력에 포함됩니다. 나다운 행복한 삶은 무엇인가를 정의할 수 있는 내면의 가치와 신념이 견고할 때 탐욕이나 욕망에 흔들리지 않습니다.

무엇보다 인성교육에서 중요한 점은 행동 규범을 외우고 지키는 것만이 아니라 자신과 다른 사람의 마음을 들여다보고 그 사이에서 바람직한 선택을 하고 행동하는 기회를 주는 것입니다. 급변하는 사회에서 기술은 급격히 발달하는데 아직 가치관과 정신적·문화적 수

준은 못 따라가는 혼돈의 상태를 아이들은 더 빨리 경험하고 있습니다.

몇 년 전 초등학생 사이에서 '엄마 몰카'가 유행이 되면서 우려가 된 적이 있었습니다. 아이들이 몰래 엄마의 일상생활이나 샤워하는 모습 그리고 신체의 일부 등을 찍어 유튜브에 올린 것으로 윤리적 고민 없이 단순한 재미와 '구독'과' 좋아요'에 대한 집착이 불러온 사건이었습니다. 아이들뿐만 아니라 가끔 뉴스를 보면 조회수를 늘리기 위해 범죄나 개인적인 사생활과 같은 자극적인 콘텐츠를 생생한 라이브로 중계하는 이들도 있습니다. 이런 시대를 사는 아이들을 무작정 혼내기만 할 수도 없지요. 혼란스러운 시대에 부모도 중심을 잡기가 힘들기는 마찬가지입니다. 이럴 때일수록 꾸준히 아이에게 질문하고 대화하는 것이 중요합니다.

유대인의 하브루타 교육, 소크라테스 대화법 등이 오랜 시간에 걸쳐 이어져 온 이유는 바로 '질문'에 있습니다.

하브루타 교육은 서로 주고받으며 논쟁하는 유대인의 전통적인 토론 교육 방법입니다. 유대교 경전인 《탈무드》를 공부할 때 주로 사용되었는데 나이와 성별, 계급에 차이를 두지 않고 하나의 주제에 대해 논쟁하며 진리를 찾아가는 방식입니다.

부모는 자녀가 마음껏 질문할 수 있는 환경을 만들어 주고 자녀가 스스로 답을 찾을 수 있도록 유도하는 역할을 합니다. 소통하며 답을 찾아가는 과정에서 다층적으로 지식을 이해하고 문제를 해결할 수 있습니다. 또한 주제를 다양한 관점에서 생각하게 되므로 새로운 아이디어와 해결법을 이끌어낼 수 있다는 장점이 있습니다.

소크라테스 대화법은 고대 철학자 소크라테스가 진리에 이르기 위해 질문을 거듭한 데서 착안한 방법입니다. 질문자가 답을 가지고 상대방에게 잘못 알고 있다는 것을 자각하도록 하는 것이지요. 이를테면 상대의 주장에 대한 반론을 펼치며 꼼짝하지 못할 근거를 대는 것입니다. 이처럼 소크라테스의 대화법은 상대를 난처한 지경의 빠지게 하여 스스로 무지를 자각하게 만듭니다. 그래서 하브루타 교육보다 더 논리적 사고를 요하기도 합니다.

초등 자녀에게 소크라테스 대화법을 시도할 때는 조심스럽게 접근해야 합니다. 거듭되는 부모의 질문 공격에 아이가 넋다운이 되어 다시는 대화하지 않겠다고 할지도 모릅니다. 좀 더 생각의 영역이 넓고 깊이가 있는 청소년들에게 적용하면 좋은 대화법입니다.

시사나 정치, 정부 정책에 관해 찬성과 반대의 입장에서 격렬한 토론을 벌일 수 있습니다. 승부욕도 자극되고 토론에서 승리하기 위해 스스로 자료를 찾고 근거를 모으며, 자기주도학습이 저절로 이루어지기도 합니다.

겉과 속이 다르지 않은 아이로 키우는 법

학교에서 아이들을 관찰해 보면 공부도 잘하고 똑똑한데 인성이 그에 미치지 못하는 아이들이 많다고 교사들이 하소연합니다. 선생님 앞에서는 잘하는 척, 착한 척하면서 정작 바른 생활을 하는 아이들에게 나쁜 짓을 유도하고 친구들 사이를 이간질하고 자기 말을 듣지 않으면 왕따를 시킵니다. 그리고 본인은 마치 나쁜 행동을 하지 않은 것처럼 사건 현장에서 쏙 빠져나가는 아이들이 있습니다.

인성교육은 겉으로 보이는 행실을 단속하는 예절교육과는 다릅니다. 모든 문제는 내면과 외면이 다른 데서 서서히 파생됩니다. 앞으로 인성에서 가장 중요한 도전은 '내면과 외면이 다르지 않은 아이'로 키워 내는 것이 아닐까 싶습니다. 5G 초연결 시대에서 야누스는 오래 못 가고 비도덕적인 결정으로 한순간에 무너지는 경우가 더욱 늘어날 것이기 때문입니다.

도덕성은 옳다고 생각되는 행동을 하는 것입니다. 아동의 도덕성 발달을 연구한 로렌스 콜버그Lawrence Kohlberg는 도덕성 발달을 6단계로 설명했습니다. 낮은 도덕성의 발달단계에서는 그저 처벌을 피하거나 보상을 얻고자 도덕적 판단과 결정을 내려 복종하지만, 점차 도덕성이 발달하면서 자신 속에 내면화된 도덕적 원리를 따라 행동하는 단계에 이른다고 설명합니다. 즉, 나를 정확히 아는 것에 이르면 겉과 속이 다르지 않고 타인을 위해 자신의 감정을 속이지 않게 됩니다.

그렇다면 도덕성이 발달하려면 어떻게 해야 할까요? 여러 딜레마 상황에서 계속 질문해 보며 윤리 기준을 세워나가는 것도 한 방법입니다. 세계적인 윤리 전문가 브루스 와인스타인은 저서 『윤리지능』에서 윤리적 문제 상황을 마주할 때 스스로 던져야 하는 질문 다섯 가지를 알려 줍니다.

1. 남에게 해를 끼치지 않는가?
2. 상황을 개선할 수 있는가?
3. 상대방을 존중하는가?
4. 공정한가?
5. 애정 어린 행동인가?

이 질문에 스스로 생각하고 결정해서 행동에 책임을 지는 아이는 행복하고 순탄한 삶을 살 수 있습니다. 부모가 아이에게 질문하는 습관을 길러 주면 아이는 감정적이고 즉흥적인 막무가내 행동을 자제할 수 있습니다. 스스로 질문하고 생각하고 행동하는 경험이 쌓이다 보면 최선까지는 아니더라도 최악은 막을 수 있습니다.

이때 중요한 것은 '너라면 어떻게 하겠니?'라고 아이의 생각을 물어보기만 하고 끝내면 안 된다는 점입니다. 보편적이고 절대적인 가치에 근거한 윤리 기준을 꼭 세워 줘야 합니다. 대안을 제시해 주지 않으면 아이는 더욱 혼돈을 겪을 수 있습니다.

부모는 아이보다 인생의 경험치가 많기에 (물론 오래 살고 경험이 많다고 도덕성이 뛰어나고, 보편적 윤리 기준을 잘 세우는 것은 아닙니다. 그래서 부모도 계속 성장하고 고민해야겠지요.) 아이에게 구체적으로 선명하게 제시해 주어야 합니다. 의미 있고 숭고한 가치가 분명히 있다는 것, 도덕적·윤리적 생각이 낳은 열매가 더 달콤하다는 것을 알려 주세요.

여기에는 개인의 성공이 사회를 발전시킨다는 사실이 전제되어야 합니다. 그렇지 않으면 이기심과 독단적 행동이 표출됩니다. 자신의 성공을 위해 이타심을 발휘하는 것에서는 진정성을 찾을 수 없습니다.

양보하고 배려하는 것, 질서를 유지하는 것이 더불어 사는 비결이며 다른 사람을 위해 인간애를 발휘해야 한다는 사실을 각인시켜 주세요. 이를 통해 한 사람의 의로운 행동이 다 같이 잘 사는 사회를 만들고 새로운 세상을 연다는 사실을 아이 스스로 깨닫게 됩니다.

행복한 성공으로 이끄는 것

사람은 가치 있는 목표를 추구할 때 가장 행복하고 건강하고 의미 있는 삶을 살게 됩니다. 스스로 자신에 대한 자부심이 생기기 때문이죠. 양심에 찔리는 무가치한 일과 비생산적인 일을 계속하면서 행복할 수 있는 사람은 없습니다. 잠시의 쾌락이 있을 뿐 나중에는 고통이 따릅니다. 비윤리적이고 비도덕적인 일, 양심에 찔리는 일을 하면 인간의 가치를 망각하고 자신의 잠재력을 잊고 자신의 목표를 상실하게 됩니다.

부모는 욕망과 쾌락이 아니라 더 가치 있는 삶을 위해 아이가 작은 일이라도 '의미' 있는 일을 하도록 마중물을 부어야 합니다. 작은 성취가 큰 성취를 낳고 작은 보람이 큰 보람을 낳습니다. 가치 있는 일을 하면 자신이 얼마나 가치 있는 사람인지를 자각하게 됩니다. 자신이 가치 있는 사람임을 깨달을 때 더욱 가치 있는 목표를 세워 앞으로 나아갈 수 있습니다.

또한 자녀의 '수행 인성'과 '도덕 인성'이 골고루 발달되도록 신경 써야 합니다. 한 사람이 행복하고 건강한 성공에 이르기 위해서는 이 두 능력이 조화로워야 합니다.

'수행 인성'은 한 개인이 자신 안에 있는 잠재력을 발견하고 성취하기 위해 긍정적인 태도, 성실함, 끈기와 인내, 직업윤리 등을 갖추는 것을 말합니다. 수행 인성을 갖추지 못한 아이는 자신의 잠재력과 능력을 개발할 수 없고 부와 가치를 창출하는 생산적인 삶을 살아낼 수 없습니다. 이는 개인의 행복과 성공만이 아니라 곧 사회발전의 원동력으로도 작용합니다. 각 구성원이 이런 수행 인성을 갖추지 못한 사회는 결국 도태됩니다.

이와 더불어 '도덕 인성'이 없으면 비극이 발생합니다. 남보다 더 많이 가지고 싶고 남보다 더 가치가 높은 사람이라는 우월감에만 중독되어 자신의 욕망에만 이끌려 살면 내 욕구를 위해 타인은 희생해도 된다고 여기기 쉽습니다. 도덕 인성은 진실함과 진정성, 정의감, 인간 존중, 협력, 나눔, 배려 등을 포함합니다. 도덕 인성을 갖추지 못한 사람은 윤리적인 삶을 살 수 없습니다.

다음은 미국의 교육 심리학자 토머스 릭코나 교수와 매튜 데이비드 교수가 미국의 인성교육 발전을 위해 국가에 제출한 보고서 내용입니다. 실제 미국의 인성교육 발전을 위해 다채로운 연구와 실험을 통해 이 교육과정을 국가에 제안한 것입니다. 그리고 통합적인 인성 발달을 위해 구체적으로 수행 인성과 도덕 인성이 조화되도록 항목을 설정했습니다.

행복한 성공을 누리는 삶을 위한 '인성' 8가지

- 평생 배우고 비판적으로 생각할 수 있는 사람
- 근면하고 능력 있는 사람
- 사회성과 공감 능력을 갖춘 사람
- 윤리적으로 사고하는 사람
- 존경받고 책임감 있는 도덕적인 사람
- 건강한 삶을 추구하는 자제력이 강한 사람
- 사회에 기여하는 민주적인 사람
- 올바른 삶의 목적을 가진 사람

내 자녀가 행복한 성공을 누리는 삶을 살아가기 바란다면 수행 인성과 도덕 인성을 갖추도록 해야 합니다. 그리고 이 8가지 인성의 항목 하나하나가 아이에게 잘 형성되도록 인내를 갖고 살펴보고, 일상에서 코칭해 주기 바랍니다.

행복한 성공을 위한 인성 씨앗 5

존 템플턴의 부의 목적

전 세계에서 상금이 가장 많은 상은 무엇일까요? 노벨상보다 더 큰 액수의 상금을 주는 상이 있습니다. 바로 '템플턴상'입니다. '종교계의 노벨상'으로 불리는 템플턴상은 과학과 종교 간 이해 증진을 위해 1972년 미국 태생 영국의 금융인이자 자선사업가인 존 템플턴 John Templeton이 창설한 상입니다.

종교계의 노벨상이라고 불리지만 템플턴상은 종교적인 차원을 뛰어넘어 인류의 정신적 지평을 넓히는 데 기여한 사람에게 상을 수여합니다. 1회 수상자인 테레사 수녀 이후 종교뿐 아니라 철학, 과학, 문학 등 다양한 분야에서 인류의 정신적인 진보를 위해 기여하고 업적을 남긴 사람들에게 수여되었습니다.

존 템플턴은 1987년에 '존 템플턴 재단'을 설립해 물리학, 우주과학, 생물학, 사회과학 등 인류 발전에 기여하는 과학발전과 종교문제 연구에 많은 지원을 하고 있습니다.

영혼의 투자자로 불리는 존 템플턴은 워런 버핏, 조지 소로스와 함께 21세기 지구 역사상 최고의 투자가로 존경받는 인물입니다. 하지만 사람들은 단순히 그가 엄청난 부를 이뤘다고 존경하는 것은 아닙니다. 세계적인 거부임에도 불구하고 개인적으로는 검소한 삶으로 사회적으로는 도덕성과 인류애를 바탕으로 일평생 기부하고 베풀었기 때문입니다.

요즘 같이 경제적으로 불안한 시대를 살다 보니 전 국민이 주식과 부동산 등 투자와 재테크에 관심이 많습니다. 부모뿐만 아니라 아이들도 굉장히 '돈'에 민감하고 간절히 부자가 되기를 꿈꿉니다. 그런데 존 템플턴은 어떻게 이처럼 탁월한 투자를 통해 엄청난 부를 이뤄낼 수 있었을까요?

그는 저서 『템플턴 플랜』에서 먼저 자신의 분야에서 지식이 넘치도록 전문 실력을 쌓고 성실한 사람이 되라고 말합니다.

"당신이 어느 분야에서 일하건 열심히 공부하고 자신의 분야에서 지식이 풍부한 사람이 되고자 애쓰는 것은 무척 중요하다. 자신의 분야에서 어떤 일이 일어나고 있는지를 자기 나라에서뿐만이 아니라 시야를 넓혀 전 세계적으로 관찰하는 게 중요하다. 그렇게 함으로써 보다 개방적이고 유연해질 수 있으며 다른 문화, 다른 환경에서 일어나는 일들을 더 잘 이해할 수 있기 때문이다."

존 템플턴은 학창 시절 성실하게 공부해서 예일 대학 경제학과를 수석으로 졸업하고 로즈 장학생으로 선발돼 영국 명문 옥스퍼드 대학에서 법학 석사 학위를 받았습니다. 그리고 본격적으로 월스트리트에 입문하기 직전인 1936년, 7개월간 35개국을 돌아보며 세계일주를 했습니다. 이때 견문을 넓히고 세상과 사람에 대하여 통찰을 얻은 경험은 그가 세계적인 투자자로 성장하는 데 밑거름이 됐습니다.

이후 1954년 존 템플턴은 자신의 이름을 딴 뮤추얼펀드 '템플턴 그로스 펀드'를 설립해 펀드 운영에 나섰으며 높은 투자수익을 냈습니다. 그의 성과는 탁월했고 곧바로 투자가로서 세계적인 명성을 얻어 수많은 전문기관에서 '금세기 최고 주식투자자'로 선정되기도 했습니다.

많은 사람이 존 템플턴에게 돈을 맡겼던 이유는 무엇일까요? 무엇보다 그의 인성 때문이었습니다. 그는 투자에 탁월한 실력을 갖기 이전에 훌륭한 인성을 갖춘 사람이었습니다.

존 템플턴은 젊은 시절 첫 월급을 받았을 때부터 20년 동안 수입의 50퍼센트를 성실하게 저축했습니다. 자신의 것을 소중히 여기고 잘 지키는 사람은 타인의 것도 존중하고 지킵니다. 그는 자신의 돈을 아끼는 것처럼 아니 그 이상으로 자신의 회사에 투자한 사람들의 돈을 아낄 정도로 책임감이 뛰어났습니다.

템플턴의 인성은 부모로부터 바탕이 되었습니다. 그의 아버지는 평소 철저하게 근검절약했지만, 가치 있는 행사에는 기꺼이 후원하고 기부하는 인물이었습니다. 또한 템플턴이 어린 시절부터 철저히 자립하는 태도를 가르쳐 어디서 무엇을 하든 스스로 해나가도록 자기주도력을 갖게 했습니다.

그의 어머니는 당시의 어머니들과 달리 템플턴에게 적극적이고 진취적으로 도전하고 노력하여 돈과 재물을 풍성하게 획득한 후 할 수 있는 한, 많은 '선善'을 실천하라고 가르쳤습니다. 독실한 크리스천 집안이었던 템플턴가家는 모든 것은 하나님으로부터 시작되고 얻어진 것으로 여겨 감사와 절제의 성품을 가르쳤습니다.

이러한 영향으로 템플턴은 나중에 엄청난 부를 얻었음에도 겸손한 태도로 절제를 실천했습니다. 어린 시절의 부모로부터 물려받은 건전한 인성의 성품이 일평생 베풀고 나누고 섬기는 데 일조하게 만든 것입니다. 존 템플턴은 이렇게 말했습니다.

"주는 것이 받는 것보다 훨씬 더 중요하다. 무엇이든 줄 수 있는 사람은 자신의 관대함에 대한 보답을 받게 된다. 인류애를 향한 투자는 금전적으로

나 정신적으로 모두 값진 결실을 가져온다."

그는 우리에게 주어진 재능과 성공과 재산은 결코 내가 잘나서 누리는 것도, 또 나 자신만을 위한 것도 아님을 강조합니다. 우리는 모두 인류의 더 나은 미래를 위해 이 모든 재능과 재산과 편리함을 잠시 빌려 쓰고 있을 뿐이라고 말합니다.

부모는 자녀의 가치관이 만들어지고 인격을 형성해 가는 어린 시절에 자녀가 사회의 그늘진 곳으로도 눈을 돌릴 수 있는 따뜻한 마음을 가진 사람이 되도록 지도해 주세요. 구체적으로 봉사와 기부를 하도록 돕는 것입니다. 그러면 자연스럽게 남을 돕는 일에 보람을 느끼고, 나보다 어려운 처지에 있는 사람들을 이해하면서 사회를 보는 안목이 좀 더 넓고 깊게 형성됩니다. 이는 결국 존 템플턴이 남긴 명언처럼 '남을 도움으로써 스스로를 돕게 되는 것'이라는 말이 우리 아이의 삶에 축복으로 다가올 것입니다.

우리는 모두 연결되어 있고
내가 귀하듯 타인도 중요하고 소중하다는 것을 알고,
내가 행복하기 위해 노력하는 것처럼 타인의 행복 추구권 또한 존중하면서
진정한 '공정'과 '정의'에 대한 생각의 물꼬 가 트이게 됩니다.

6장

풍요로운 인생을 위한 사회성과 목적의식

행복은 그럴 만한 자격이 있는 사람에게만 찾아온다.

먼저 타인을 돕는 도덕적으로 뛰어난 인간,

함께 살 준비가 된 선한 인간이 되어야 한다.

'인간의 행복은 선에서 나온다'는 아리스토텔레스의 주장처럼

우리는 남을 도울 때 행복해진다.

호아킴 데 포사다 Joachim de Posada, **『난쟁이 피터』 중에서**

사회성을 둘러싼 오해

앞으로 살아갈 세상에서 우리 아이들의 성공을 좌지우지하는 중요한 사회적 기술 중 하나가 바로 '네트워킹'입니다. 네트워킹의 사전적 의미를 살펴보면 어떠한 일이나 문제점을 처리하기 위하여 각 개인이나 기관 따위가 서로 연결망을 형성하는 일을 말합니다.

아이들은 살아가면서 다양한 사회를 경험합니다. 어떤 조직이나 공동체에서 중요하게 여기는 내용을 찾아내는 데 어려워하거나 놓친 사람은 참여 기회를 잃고 겉돌 수 있습니다. 그래서 많은 부모가 자녀의 친구 관계를 신경 씁니다.

"우리 애는 내성적이고 소심해서 친구가 없어요. 사회성이 너무 떨어져서 걱정이에요."

부모들은 아이가 공부를 잘하는 것 이상으로 친구 사이에서 인기도 많았으면 하고 바랍니다. 아이들이 '인싸'가 되고 싶어 하는 것처럼 부모도 자녀들이 두루두루 친구들과 친하게 지내며 많은 친구에게 사랑받는 '인싸'가 되길 내심 바랍니다. 들러리나 꼬리가 되는 것보다 주목받고 인기가 많은 리더가 되기를 바라는 것이지요.

성공하는 사람들을 보면 대부분 대인관계력이 뛰어납니다. 그런데 요즘은 여기서 더 나아가 대인관계력이 네트워킹으로까지 확장되어 그 자체가 부가가치를 창출하기도 합니다. 그런데 겉으로 보이는 사교성에만 집착하고 이것이 전부라고 생각하는 사고는 위험합니다. 흔히 부모들이 하는 오해가 사교성과 사회성을 혼동하는 것입니다.

외향적이어서 다른 사람들을 쉽게 사귀는 성질이 사교성이라면, 사회성은 관계를 지속하는 힘뿐만 아니라 사회의 규범과 규칙, 법에 적응하는 능력까지를 포함합니다. 사람들에게 잘 다가가고 유머 감각 넘치고 왁자지껄하고 잘 논다고 사회성이 좋은 것이 아닙니다. 또 내성적이고 조용하다고 사회성이 부족한 게 아닙니다. 사회성은 사교성보다 더 넓은 개념으로 사교성뿐 아니라 배려심, 책임감, 공감 능력 등이 포함된 개념입니다.

아무리 타인에게 쉽게 친근하게 잘 다가가도 공감, 책임감, 배려심 등이 떨어지면 그 관계를 지속하는 힘이 떨어져 진실한 친구 한

명 없는 소리만 요란한 빈 수레일 수 있습니다.

오히려 내성적이고 사교적이지 못해도 진정성 있고 책임감과 배려심이 강하고 규율을 잘 지키는 기본 인성이 있다면 차분하게 관계를 오래 유지하는 사회성이 강한 사람입니다.

요즘 부모들은 코로나로 인해 아이들의 사회성이 부족해지는 건 아닌가 하는 걱정이 큽니다. 한편으로는 오히려 코로나를 반기는 아이들도 있다고 합니다. 교실에서도 마스크를 쓰고 각자의 책상마다 투명한 아크릴 칸막이가 가려져 서로 거리 두기를 철저히 하기 때문에 친구들이 접근 자체를 하지 않아서 괴롭힘이 덜해 좋다는 아이도 있습니다. 그만큼 친구 관계가 요즘 아이들에게는 어른들 못지않게 큰 스트레스입니다. 사교성과 사회성은 다르므로 많은 친구가 있기보다는 좋은 친구가 곁에 있는 것이 더 좋다는 것을 알려 주세요.

사회성과 사교성 향상의 공통된 방법은 '칭찬'입니다. 사람은 누구나 칭찬받으면 기분이 좋아집니다. 처음 말을 걸 때나 대화를 시작할 때 칭찬으로 포문을 열면 쉽습니다. 눈에 띄는 모습에서 장점을 발견하고 칭찬하는 것이지요.

"옷 색깔이 오늘 날씨와 잘 어울려."
"네 목소리는 언제나 씩씩해."

아주 쉽고 간단한 칭찬법입니다. 조금 더 관심을 두고 있는 친구라면 변화된 모습을 칭찬하면 어떨까요.

"머리 스타일을 바꾸니 훨씬 멋지다."라는 표현은 누구에게나 할 수 있습니다.

부모로부터 칭찬을 많이 받은 경험이 있는 아이들은 친구와 대화 중에서도 상대를 칭찬하는 말이 자연스럽게 나옵니다. 아이의 사교성과 사회성을 높여 주고 싶다면 집에서부터 아이에게 칭찬을 자주 해 주세요. 교우관계와 사회적 역할에서 아이의 몫은 부모가 대신해 줄 수 없습니다. 능력을 키워 스스로 유대감을 형성하고 신뢰를 얻는 방법을 알려 주는 것이 최상의 방법입니다.

사회성의 기본은
분위기 파악과 공감

요즘은 집집마다 자녀가 한둘인 경우가 많아서 아이들 대다수가 주목과 관심을 받으며 자랍니다. 외둥이면서 사촌 형제자매까지 없으면 양가 조부모님, 고모, 이모, 삼촌 등의 사랑을 독차지합니다. 그러다 학교에 가면 상황이 달라집니다. 많은 아이들 속에서 사랑과 관심을 받는 주인공이 되기란 쉽지 않습니다.

요즘은 영유아기부터 일찍 여러 학습적인 자극과 교육으로 똑똑하기는 하지만 다른 사람의 감정을 제대로 알아채지 못하는 아이들이 늘어나고 있습니다.

다른 아이들의 입장이나 상황은 생각하지 않고 자신만 알아달라고 하는 아이들은 또래 관계에서 많은 어려움을 겪습니다. 사회성의 기본은 상대방의 입장을 잘 이해하고 다른 사람의 기분에 공감하며 이로 말미암아 자신 또한 위축되거나 스트레스를 받지 않는 것입니다.

다른 사람들과 좋은 관계를 형성하려면 일단 흐름을 파악하고 소통이 이루어져야 어떤 갈등 상황도 극복할 수 있습니다. 그런데 사회성이 덜 발달한 아이들의 가장 큰 약점이 바로 '분위기 파악을 잘 못 한다'는 것입니다. 주변 분위기를 파악하려면 상대방의 표정과 기분을 관찰하고 또 반응을 인지하고 왜 그렇게 반응하는지 이해하는 능력이 필요합니다. 이런 능력이 기본이 되어야 상대방의 마음을 여는 진짜 사교적인 사람이 될 수 있습니다.

이러한 능력은 가정에서 자연스러운 교육으로 효과를 볼 수 있습니다. 평소 부모가 먼저 다른 사람의 이야기를 세심하게 듣고 집중하면서 메시지를 정확하게 이해하기 위해 확인하고 질문하는 모습을 보여 주세요. 자녀와 대화를 할 때 혹 아이 혼자만 계속 말을 하고 있다면 즉시 사인을 주는 것도 한 방법입니다. 맞장구를 하지 않거나 시선을 회피해서 본인만 말하고 있다는 것을 인지시켜 한 템포 쉬게 진정시켜 주는 게 좋습니다.

"엄마도 말할 기회 좀 줄래? 혼자만 일방적으로 말하면 듣는 사람은 지루해. 결국 너의 진심이 효과적으로 잘 전해지지 않아."라고 다정하게 말해 줍니다.

또 영유아 때부터 눈을 마주치고 다양한 표정을 지으면서 이야기해 주는 게 좋습니다. 대화 상대에게 감정을 이입하고 상대의 감정과 몸짓, 표정을 잘 알아차리며 이를 제대로 해석할 줄 아는 능력은 사회성의 기본입니다. 이는 실제 몸으로 부딪치는 다양한 만남을 통해서 오랜 기간 걸쳐 자라는 능력입니다.

다양한 사람들을 만나서 소통하고 관계 맺는 경험을 해 봐야 여러 사람의 감정과 기분을 받아들이고 이해하는 감성 능력이 향상됩니다. 그러면 상대방이 원하는 것이 무엇인지 예측할 수 있고 자신이 예상하지 못한 상황에 처하더라도 당황하지 않고 기분 나빠하지 않으며 대처할 수 있습니다.

소통 능력을 높일 또 하나의 방법으로 '독서'를 권합니다. 다양한 경험을 해 보아야 상대의 상황과 감정을 읽어낼 수 있습니다. 그러나 시간이나 지역, 상황의 제한으로 아이들은 많은 사람을 만나고 이야기 나눌 기회가 부족합니다.

그러나 책에는 다양한 인물이 사건과 사고를 겪으며 이야기가 진행됩니다. 이를 통해 아이들은 여러 상황을 만나게 되고 등장인물에 감정을 이입시켜 그 일을 경험하게 됩니다. 실제로 가능하지 않은 일을 읽으며 체험하는 되는 것이지요.

이렇게 독서로 경험을 축적한 아이는 비슷한 상황에 있는 친구를 이해하기가 쉽습니다. 말이 통하고 마음을 나누게 되지요. 이해하는 만큼, 아는 만큼 소통이 가능하다는 사실을 기억해 주세요.

자녀의 친구 관계를
제한하지 않는다

부모 중에는 자녀의 친구 관계에 대해 이중적인 메시지를 전하는 이들이 있습니다. "친구는 소중하단다. 그러니 잘 지내." 하면서도 정작 자기 자녀보다 공부를 조금 못하거나 형편이 불우하거나, 평판이 좋지 않으면 어울리지 말라고 합니다. 물론 부모로서 아이가 나쁜 영향을 받을까 봐 걱정될 수도 있습니다.

부모가 지켜보면서 보호할 수는 있겠지만 무조건적인 차단은 앞으로 아이가 만날 다양한 관계에 대한 면역력과 내성을 쌓을 기회를 뺏는 결과를 초래할 수 있습니다. 친구가 아파 병문안 가려는데 "심하게 아픈 것도 아닌데 무슨 병문안을 가. 공부할 시간도 없는데 차라리 공부나 한 자 더 해."라고 면박을 주는 부모도 있습니다.

아이들의 말을 들어보면 가정에서 부모들이 친구와 협력하고 배려나 양보하기를 가르치기보다는 은연중에 친구를 경쟁자나 공격대상 또는 불필요하고 피곤한 존재로 인식하도록 가르치기도 합니다.

"네가 왜 양보하니? 그렇게 주기만 하면 만만하게 보고 얕잡아봐."

"때리면 때렸지 바보같이 맞지는 말아야지. 손해 볼 짓을 애초에 하지마!"

"세상은 1등만 성공해. 1등급만이 서울대 가는 거야."

이러한 한마디 한마디가 쌓여 아이들의 친구 관계가 사사로운 이해관계로 인식됩니다. 이처럼 부모가 아이의 친구 관계에 지나치게 간섭하고 자유롭게 어울리지 못하게 기회를 차단한다면 아이는 장기적으로 사회에서 성공할 확률이 줄어들 수 있습니다. 사회적으로 성공한 사람은 대부분 대인관계 능력이 좋고 결코 혼자 잘나서 저 혼자의 힘으로 무언가를 이뤄낸 사람들이 아닙니다.

성격, 외모, 가정형편, 경제적 배경이 다른 여러 아이들과 열린 마음으로 관계를 맺을 기회가 많은 것은 성장과 성공의 관점에서 보면 좋은 현상입니다. 다른 문화를 경험할수록 창의성이 높아진다는 연구 결과도 있는 것처럼 타인에 대한 개방성과 포용력이 자연스럽게 발달해 아이의 대인관계력과 사회성 발달에 도움이 됩니다.

아이들은 '갈등' 상황을 겪으며 성숙해집니다. 혼자서 공부하고 문제 풀고 혼자 빨리빨리 해나가는 게 더 익숙한 아이들은 친구들과 조율하는 그 시간 자체를 아까워하고 피곤해하기도 합니다. 학급에서 한 공동체의 일원으로 지켜야 할 규칙과 규범이 있어 그 안에서 함께 움직이다 보면 때로는 갈등이 생기기도 합니다. 서로의 성향이 충돌하다 보면 불편하고 분위기가 싸늘하다 못해 삭막하고 때론 많이 괴롭습니다.

하지만 이러한 과정에서 서로 간의 필요와 욕구를 맞추고자 의견을 교류하고 기준을 제시하고 조정해 가면서 해결할 기회를 피하지 말고 꼭 가져 보게 하는 것이 좋습니다.

아이들은 아직 경험치가 어른과는 다르기에 다른 존재와의 상호작용에 대한 기준과 원칙면에서 많이 부족합니다. 그래서 자신과 맞지 않는 친구들과 여러 갈등을 겪으면서 스스로 깨닫는 부분이 있어야 합니다. 아이 스스로 여러 친구와 관계를 맺으면서 그들에게 무조건 잘 보이려 애쓰는 것도, 모두와 친하게 지낼 필요도 없다는 것을 깨우치게 됩니다. 관계를 서로 조율해 본 경험이 많은 아이들은 나중에 비교적 수월하게 갈등을 해결할 수 있고, 감당할 마음의 그릇도 커져 결국 더 큰 마음 그릇을 소유한 성숙한 존재가 되어 갑니다.

아이들끼리 다툼이 발생하는 일도 있지만, 이때도 어떻게 다툼을 해결해야 하는지를 조언하고 알려 주는 것이 좋습니다. 그래야 싸우는 법도 제대로 배워 잘 성장합니다. 그렇지 않으면 단순하고 소소한 친구 사이의 다툼이 나중엔 해결하기 어려운 학교폭력으로 발전할 수도 있으니까요.

아이에게 모든 친구와 친하게 지내라고 잔소리할 필요도 없습니다. 모든 사람에게 사랑받기 위해 노력하는 대신 그저 자신을 먼저 사랑하라고 말해 주면 됩니다. 자기 자신을 먼저 사랑하다 보면 내가 받고 싶은 대로 타인도 대접할 줄 아이로 자랍니다. 결국 이런 아이는 겉으로 보이는 외모를 떠나 늘 좋은 에너지를 주위에 퍼뜨리기 때문에 남을 끌어당기는 자석 같은 매력을 지니게 됩니다.

소통 능력을
키워주는 방법

커뮤니케이션의 기본은 '듣기'와 '말하기'입니다.

부모들은 내 아이가 말주변이 부족하거나 언변이 없으면 어디 가서 자기 밥그릇이나 제대로 챙길지 걱정되고 불안해합니다. 자기주장을 제대로 펼치지 못하는 소심하고 소극적인 아이를 못마땅한 눈빛으로 바라보기도 합니다.

소통 능력을 키우겠다고 아이에게 말하기 기술을 가르치는 것은 근본적인 해결책이 아닙니다. 말 잘하는 능력 이전에 자기만의 매력인 사고력과 공감 능력 그리고 각 개인만의 독특한 감성과 개성이 중요합니다. 이런 쪽을 중시하다 보면 표현력은 조금만 연습해도 올라옵니다. 알맹이 없이 겉만 번지르르한 소통은 금세 바닥을 보이게 마련입니다.

경청하는 법도 어릴 때부터 습관을 들여야 합니다. 대부분 한 조직이나 공동체에서 보면 말을 못 해서 미움을 사는 것이 아니라 남의 말을 듣지 않고 일방적으로 자기 말만 하는 사람들, 전체적인 맥락과 흐름을 파악하지 못하고 겉도는 사람들이 미움을 삽니다.

아이에게 경청의 습관으로 상대와 눈을 맞추고 이야기에 귀를 기울이면서 적절히 호응하는 법을 알려 주세요. 이는 부모와 의사소통하면서 자연스럽게 길러질 수 있습니다. 아이가 엄마와 아빠의 의사소통을 보면서 배우기도 합니다. 먼저 부모가 자녀의 이야기를 들을 때 흥미 있고 생기 넘치는 표정으로 공감하며 들어줍니다.

"우와! 진짜? 그래?"

"그렇구나, 어떻게?"

"대단한데?, 역시!"

다양한 추임새로 맞장구를 쳐가며 이야기를 열심히 들어줍니다. 아이는 친구나 다른 사람과의 대화에서 부모가 그렇게 한 것처럼 '나도 다른 사람의 이야기를 들을 때 진심 어린 마음으로 듣고 호응해 줘야지.' 하는 마음을 가집니다.

이런 경청의 태도는 유튜브라든지 영상 매체를 통해 언어를 배운다고 터득할 수 있는 것이 아닙니다. 특히 SNS를 통해 커뮤니케이션의 범위가 점점 넓어질수록 오히려 전달되는 내용의 깊이는 줄어들고 있습니다. 사고력의 저하가 그래서 발생하는 것입니다.

말하기 능력의 한 부분으로 '독서'와 평소 사용하는 '어휘'를 들 수 있습니다. 실제로 상황에 맞게 말을 잘할 수 있는가 없는가는 독서, 부모의 언어 능력, 가족 간 대화의 양에 비례합니다. 그래서 전문가들은 영유아 시절부터 '책 육아'와 스마트폰이 아닌 가족 간의 '대화'를 강조하는 것입니다.

또 책과 미디어를 활용해 '공감 능력'을 키워 줄 수 있습니다.

어느 날 두 돌이 채 안 된 아이가 책이나 드라마에 나온 인물 표정을 보고 "얘 화났어!" 하고 말해 놀란 적이 있습니다. 생각 이상으로 훨씬 어린 나이에 이런 표정과 몸짓 언어로 상대를 파악하는 것이 신기했습니다.

소통의 기본은 상대를 파악하고 공감하는 것입니다. 일상에서 자녀에게 공감 능력을 키워주는 방법 중 가장 쉬운 게 바로 책과 드라마, 영화를 활용해 등장인물의 기분과 감정을 알아채는 것입니다. 등장인물이나 때로는 실제 다른 사람의 몸짓 언어를 해석해 보는 것도 좋습니다.

"얼마나 초조하고 무서워 보이니?"

"저 아이는 정말 화나 보인다. 왜 저럴까?"

"저 인물은 왜 저런 말을 한 걸까?"

"저 인물은 어떤 기분일까?"

"너라면 어떡할 것 같니? 엄마라면 이렇게 할 거 같은데."

영화나 드라마를 보거나 공원에서 주변 사람들을 보면서 서로 이런 이야기 시간을 가진다면 아이는 주변 사람들이나 친구들과 공감하는 방법을 배울 수 있습니다. 더 나아가 부모는 아이가 자기 마음에 들지 않는 것에 대해 건설적으로 비판하고 마음을 열고 대화하도록 연습시켜야 합니다. 누군가로부터 어떤 지시와 주장을 들었을 때 그것이 잘못되었다고 생각되면 "저는 더 좋은 방법이 있다고 생각하는데, 이렇게 하면 안 될까요?"라며 자신 있게 본인의 의견을 피력할 수 있도록 지도해 주세요.

이런 자녀로 키우려면 부모가 일방적으로 명령하는 것이 아니라, 서로 자주 대화를 나누고 아이의 의견을 자유롭게 펼칠 수 있는 분위기를 만들어 주어야 합니다. 아이 나름의 방법으로 이해하고 자신만의 언어로 표현을 계속해 볼 수 있도록 기다려 주고 그 의견이 설사 좋지 않더라도 격려하고 북돋워주는 것이 중요합니다. 아이는 자신이 멋진 의견을 냈다는 것에 기뻐하는 것이 아닌, 자신의 이야기를 누군가 진심으로 들어줬다는 것에 진정한 기쁨을 느낄 것입니다. 그리고 이때 아이의 소통 능력은 몰라보게 성장할 겁니다.

우리는 모두 연결되어 있다

사회성을 키운다는 것은 단순히 성공하고 출세하는 처세술을 가리키는 것이 아닙니다. 궁극적으로는 사람을 사랑하고 관계 속에서 의미를 찾고 행복한 삶을 누리게 하는 것입니다. 그래서 진정으로 현명한 부모는 아이의 시선을 확장해 주고 더 많은 사람을 품도록 그릇을 넓혀 줍니다. 아이가 봉사와 기부를 많이 할 수 있도록 기회를 제공해 주세요.

'어떤 학원에 보낼까'가 아니라 '어떻게 하면 세상을 잘 섬길 수 있는 진짜 리더로 성장할까', '어떻게 하면 선한 영향력을 끼치게 할 수 있을까'를 고민합니다.

이런 선한 영향력을 펼치는 진정한 리더로 성장하게 하려면 자녀에게 우리가 서로 연결되어 있다는 사실을 알려 줘야 합니다. 아이들에게 자신이 사회에서 보이지 않게 받는 혜택을 생각할 기회를 주는 것도 좋습니다. 지금 내가 편하게 지내고 안전하게 지내는 것은 누군가 나의 삶에 물질이나 시간과 같은 환경을 제공해 주었기에 가능한 것임을 알게 하는 것입니다.

예를 들어, 학교에서 살펴보면 경비 아저씨, 급식실의 영양사와 조리사, 환경미화원 등 선생님 외에도 나의 일상을 편하고 안전하게 잘 유지하도록 돕는 분들이 많습니다. 우리 아이들은 이런 사람들에게 둘러싸여 있습니다. 이분들에 대한 고마움을 표현하도록 감사의 편지를 전하거나 음료수 한 잔이라도 전하게 한다면 아이들은 감사함과 겸손함을 배울 수 있습니다.

평소 감사했던 일들을 일기로 써보는 것도 좋습니다. 실제로 '감사일기'는 엄청난 영향력이 있습니다. 교육전문가들도 감사일기나 감사편지 쓰기가 행복감에 얼마나 중요한지 많은 사례를 통해 보여줍니다. 감사를 생각하고 느끼고 경험하는 것이야말로 행복감을 실질적으로 높이고 일상에서 쉽게 할 수 있는 인성교육이라 할 수 있습니다. 감사일기를 쓰면 아이들은 시야가 점점 확장됩니다.

우리는 모두 연결되어 있고 내가 귀하듯 타인도 중요하고 소중하다는 것을 알고, 내가 행복하기 위해 노력하는 것처럼 타인의 행복추구권 또한 존중하면서 진정한 '공정'과 '정의'에 대한 생각의 물꼬가 트이게 됩니다. 그리고 결국 도움은 돌고 돌아 나에게 온다는 것을 느끼면 더욱 내면이 풍성한 삶을 살 것입니다.

한 남학생과 입시상담을 한 적이 있습니다. 이 학생은 보기 드물게 진로도 명확하고 건강한 인성을 가져서 그의 성장기가 궁금했습니다. 그는 초등학교 5학년 때부터 고3 때까지 중증장애인들을 위한 시설에서 봉사활동을 했습니다. 기저귀도 갈아 주고 목욕도 시켜 주는 등의 육체적인 활동부터 정서적 교감을 위해 말벗이 되어 주기도 했습니다. 그 학생이 저에게 했던 말 중에 지금도 기억에 남는 말이 있습니다.

"모두가 다 건강하고 풍요롭게 사는 건 아니더라고요. 제가 너무나 당연하다고 생각하는 것들에 감사해요."

거창하게 세상을 변화시키지 않아도 이런 '겸허한 마음'과 '범사에 감사한 마음'만 있어도 충분히 훌륭한 사람입니다. 이 학생은 초등학교, 중학교 이후에는 장애인들에 대한 편견을 가지고 있는 친구들을 권유하여 함께 봉사하러 다니기도 하고 용돈을 모아 매달 만 원씩 7년째 기부도 하고 있었습니다.

그도 어렸을 때는 부모님 때문에 억지로 봉사활동을 했지만 고등학생 때부터 자발적으로 봉사하게 되면서 기쁜 마음으로 할 수 있게 되었다고 합니다. 그는 봉사활동을 하면서 의사 표현을 잘하지 못하는 장애인들을 위해 IT융합 전문가에 대한 꿈을 키우게 되었습니다.

그들의 의사 표현을 도와줄 방법을 개발한다면 더 많은 사람과 소통할 수 있고 결국 그들의 삶의 질도 더 나아지게 할 수 있다는 생각이 들었던 거지요. 향후 장애인들을 위한 인공지능 소프트웨어를 만들어 도움을 주고 싶다는 학생을 보면서 결국 나누는 사람이 나중에는 더 많은 것을 얻는다는 것을 저 또한 배웠습니다.

많이 주는 아이가 결국 많이 누린다

입시 컨설팅과 코칭을 할 때 필독서로 자주 추천하는 책이 애덤 그랜트의 『기브 앤 테이크』입니다. 저자는 성공하는 사람들의 세 가지 공통 요소로 '능력, 성취 동기, 기회'를 듭니다. 이는 모든 성공을 다루는 책들이 하는 말이니 평범하게 느껴질 것입니다. 그런데 저자는 이 세 요소에 더해 우리가 간과하고 있는 네 번째 요소를 강조합니다. 바로 '사람 사이의 상호작용'입니다.

애덤 그랜트는 이 요소를 세 유형으로 나누었습니다. 첫 번째 유형은 받은 것보다 더 많이 주기를 좋아하는 기버giver, 두 번째 유형은 준 것보다 더 많이 받기를 바라는 테이커taker, 세 번째는 준 것만큼 받아야 하고 받은 만큼 되돌려주는 매처matcher입니다. 애덤 그랜트는 이 중 가장 성공하는 사람은 바로 '기버'라고 말합니다.

왜 '기버'일까요? 우리는 가진 것이 없어서 베풀지 못한다고 생각합니다. 그리고 많이 가진 자가 베풀 여유도 많다고 생각합니다. 그렇다면 결국 많이 가진 사람이 많이 배풀기 때문에 성공하는 것일까요?

우리는 이 지점에서 정말 우리가 나눌 수 있는 것이 없는가 생각해 봐야 합니다. 양육자로서 아이에게 전할 메시지이기도 합니다. '나눔'의 폭을 넓게 바라봐야 합니다. 친절과 양보, 웃음과 인사 같은 것도 나눌 수 있는 것들입니다. 어디 그뿐인가요. 외로운 친구에게 시간을 내어줄 수도 있고 힘들어하는 친구에게 따뜻한 문자를 건넬 수도 있습니다. 이 모든 것이 나눌 수 있는 것들입니다.

저는 이 책을 접하면서 '나는 어떤 유형인가?' 되돌아보니, 머리로는 기버가 되고 싶다고 생각하지만, 실제 기버로 살지는 못하고 있었습니다.

그런데 우리 주위에는 기버를 만만하게 보고 결국 다 뜯기는 '호구'로 보는 경우도 있는 거 같습니다. 그래서 우리가 실제 기버로 살려면 지혜로운 용기가 필요합니다. 그리고 무엇보다 놀부가 제비 다리를 부러뜨리고 일부러 고쳐 준 것처럼 무언가를 바라고 하는 계산된 마음이 아니라 진짜 나누고 싶고 베풀고 싶은 '진정성'이 있어야 합니다.

성공하는 기버는 어설픈 호구가 아니라 자신이 줄 수 있는 것은 아낌없이 베풀고 동시에 명확한 기준으로 아닌 것은 아니라고 거절할 수 있는 사람입니다. 자신을 잘 보호하고 관리하면서 참과 거짓을 구분하는 안목과 균형감각이 있는 사람입니다. 기버의 진정성은 그저 사라져 버리는 것이 아니라 세상과 타인을 움직이는 실체가 됩니다.

실제 타인을 돕고 타인에게 베푸는 행위가 자신을 더 이롭게 만든다는 과학적 증거가 있습니다. '헬퍼스 하이helper's high 효과'입니다.

미국의 한 내과 의사가 자원봉사자 3,000명을 대상으로 조사한 결과입니다. 타인을 돕는 행위가 스트레스를 줄여 주며 에너지의 분출과 긍정적인 감정을 일깨우고 자존감을 향상시켰다는 것입니다. 또 고통을 없애는 데 도움을 주는 호르몬인 엔도르핀을 분비시킨다는 것을 발견했습니다.

우리가 일상에서 "저 사람은 인성이 좋아." 또는 "저 사람은 인성이 훌륭해."라고 평가하는 기준은 무엇일까요?

바로 '타인과의 관계'입니다. 대부분 어떤 사람의 인성이 훌륭하다고 평가할 때는 그 사람이 타인과의 관계에서 자기만의 이익이 아닌 타인의 이익을 더 헤아리고 배려할 때입니다. 즉, 인성은 둘 이상의 관계에서 비로소 발현되고 이기심과 이타심 이 두 기준에 의해 평가되고 결정됩니다.

부모는 자녀에게 '이타적 자존감'을 키워줘야 합니다. 인성교육 권위자로 알려진 이상준의 저서 『이타적 자존감 수업』을 보면 자존감은 크게 '이기적 자존감'과' 이타적 자존감'으로 나뉩니다.

이기적 자존감은 '나는 남보다 가치가 큰 사람'이라 여기는 것이고 이타적 자존감은 '나는 세상에 도움을 주는 가치 있는 사람'이라고 여기는 것입니다.

이기적 자존감이 적당하면 개인의 성공과 발전에 긍정적인 작용을 하지만 잘 조절되지 않으면 남보다 더 많은 것을 가지고 더 잘나고 싶은 욕망만 좇게 합니다. 자기 이득을 취하는 일이 설령 다른 사람에게 피해를 주더라도 상관없다는 자기 합리화까지 하게 만듭니다. 하지만 이타적 자존감은 자신은 물론 세상과 인류를 건강하고 행복하게 변화시키고 발전시킵니다.

이러한 이타적 자존감은 미래 인재의 필수요소입니다. '창의성'과 '혁신성'이 샘솟는 원천이기 때문이죠. 정서가 안정되고 마음이 평온한 사람은 뇌의 기분 좋음과 여유로움으로 아이디어를 얻을 확률이 높기 때문입니다.

이타적 자존감은 나만이 아닌 타인의 아픔과 문제에 공감하면서 문제해결의 단서를 얻어 문제해결력이 향상됩니다. 동시에 겸손하고 개방적인 태도로 타인의 의견을 경청하면서 아이디어를 잘 얻고 포용적입니다. 그러므로 융합과 조화를 이루어 창의성을 완성합니다.

부모가 먼저 자녀의 이타적 자존감이 자연스럽게 형성되도록 즐거운 마음으로 어려운 사람을 돕고 자신이 속한 공동체나 지역사회 발전을 위해 봉사하는 모습을 보여 주세요. 그런 부모의 모습을 보고 자란 자녀는 '타인을 위해 내 시간과 물질과 에너지를 쓰는 것은 멋지고 행복한 일이구나.'를 자연스럽게 깨닫게 됩니다.

질문으로
목적을 찾게 한다

"야망을 가져라! Boys be ambitious!"

한 남자 고등학교에서 강연이 있어 본관에 들어가는데 이 문구가 크게 적혀 있어서 한동안 바라본 적이 있습니다. 요즘은 잘 쓰지 않는 말이어서 반갑고 신선했습니다. 더불어 '헝그리 정신'도 머릿속에 떠올랐습니다.

저는 진로 수업을 할 때 '버킷리스트'를 작성하는 것으로 동기부여를 하기도 합니다. 하지만 이런 꿈을 찾게 하려는 노력이 통하지 않는 무기력한 아이들을 만날 때가 많습니다.

그들은 애써 고생하지 않아도 이미 다 누리고 사는 친구들을 보면서 낙담합니다. 반면 물질만능주의에 살아가는 아이들은 먹을 것도 입을 것도 넘쳐납니다. 그들에게 어떤 물질적인 자극 즉, '외재적 동기'나 '외재적 가치'는 더 이상 통하지 않습니다. 부족함 없이 자라는 아이들, 더 크고 더 비싸고 더 화려한 것에 길들여진 아이들에게 어떻게 동기부여를 하고, 삶의 목적을 찾게 할 수 있을까 상담자로서 고민이 될 때가 많습니다.

"병든 세상을 바꾸는 사람이 돼라!"

유대인 부모들이 자녀가 어릴 때 요구하는 메시지입니다. 이 세상은 아픔과 문제와 부조리와 모순투성이로, 네가 필요한 부분에서 네가 할 수 있는 최선을 다해 지혜와 힘을 사용하라는 요구입니다.

이제는 육체의 결핍과 부족을 채워 주는 물질적인 풍요로움이 아니라, 삶의 의미를 채워 주는 영혼의 풍요로움을 갈망합니다. 따라서 삶의 의미와 목적을 생각할 줄 아는 사람이 건강한 인성을 갖추고 행복한 인생을 누릴 수 있습니다.

부모는 내 자식이 큰 꿈, 귀한 꿈을 갖길 소망합니다. 꿈을 크게 가지라는 말은 꼭 대통령이 되라거나 큰 기업가나 유명한 학자가 되라는 것이 아닙니다. '이 세상에 도움을 주는 가치 있는 사람이 돼라'는 의미입니다. 내 주변 그리고 사회를 둘러보고 나의 역할과 의미를 찾아 꿈을 갖는 것이 그 시작입니다.

사람들은 갈수록 경제적 불평등, 부익부 빈익빈이 커지고 그에 따라 계층이 나뉘는 사회다 보니 위축되고 주눅 들어갑니다. 아이들 또한 자기 발아래 땅만 바라보는 닭의 모습으로, 독수리처럼 하늘에서 내려다보는 아이가 드뭅니다. 용감한 사자 같은 아이가 결국 세상을 변화시킵니다. 세상과 타인의 행복에 관심을 가지게 된다면 독수리처럼 높이 날아올라 세상을 멀리 넓게 바라볼 수 있을 것입니다. 독수리는 어느 순간의 높이가 되면 힘들게 날갯짓을 하지 않아도 맑고 푸른 하늘을 자유롭게 바람의 흐름과 한 몸이 되어 자신을 맡깁니다.

같은 일을 해도 자기만 바라보거나 한 곳만 바라보는 사람이 있는가 하면, 넓은 세상과 이 세상을 아름답게 만들고자 하는 열망이 있는 사람은 품격이 다릅니다. 진짜 인성 좋은 아이는 스펙보다 스페셜한 목적과 비전을 마음에 품습니다. 개인적 성공만 바라기보다는 함께 누리는 기쁨을, 경쟁보다는 함께 협력하는 것을 목표로 정합니다. 온 세계가 하나로 연결되는 초연결 시대에는 이런 건강하고 바른 내면 세계를 가진 아이가 빛을 발합니다.

페이스북의 마크 저커버그는 하버드 대학 졸업식 연설에서 이렇게 말했습니다.

"각자의 목적의식이 세상을 바꿉니다!"

그는 자신의 말대로 실천하며 페이스북을 통해 전 세계인의 삶에 큰 영향을 미쳤고 세상을 바꿨습니다. 이런 목적의식을 찾게 하려면 끊임없이 생각하게 해야 합니다. 그 방법은 결국 '질문하기'입니다.

인간 발달 심리학의 세계 3대 석학인 스탠퍼드 대학의 윌리엄 데이먼William Damon 교수는 그의 저서 『무엇을 위해 살 것인가』에서 청소년이 의미 있는 삶과 목적 있는 삶을 살게 하기 위해서는 '나에게 중요한 것은 무엇인가? 왜 이것이 중요한가? 내 삶에서 궁극적으로 하고자 하는 바는 무엇인가?'와 같은 질문을 하도록 이끌어야 한다고 합니다. 그래야 개인의 만족만을 넘어서 사회에 영향을 끼칠 수 있는 비전을 찾게 된다는 것입니다.

부모는 내 아이가 의미 있는 목적의식을 찾기 바란다면 '어떻게 질문할까?'를 고민해야 합니다. 세계적인 석학이 평생을 연구한 것의 답이 고작 '질문'이라고 생각할 수 있겠지만 저도 학생들을 만나면서 가장 힘든 게 질문하는 것임을 매번 느낍니다.

하면 할수록 어려운 게 질문을 제대로 하는 것입니다. 설명이 아닌 아주 좋은 질문을 어떻게 계속 던질 수 있을까? 이것이 코칭이나 컨설팅의 성공을 좌우하는 것을 자주 보았습니다. 좋은 경험과 좋은 질문이 목적의식과 비전을 형성하는 데 가장 중요한 동반자입니다.

사람이 희망이다

영화 〈허Her〉를 보면 남자 주인공이 인공지능과 사랑에 빠집니다. 이 영화가 처음 나왔을 때만 해도 어떻게 저럴 수 있지, 하고 놀라웠는데 이제는 그럴 수도 있겠다는 생각이 듭니다. 스티븐 스필버그의 영화 〈레디 플레이어 원Ready Player One〉을 보면 곧 다가올 미래에는 진짜 바깥으로 한 발자국도 나가지 않고도 전 세계를 돌아다닐 수 있겠구나 싶습니다. 가상현실, 증강현실로 마음만 먹으면 일평생 실제가 아닌 가상에서 살 수도 있는 세상이 펼쳐질 것 같습니다.

요즘은 날마다 인간성을 상실한 범죄 뉴스를 자주 접하게 됩니다. 사람들은 어느새 이런 환경에서 사람을 경멸하고 불신하고 증오하고 혐오하는 현상이 늘고 있습니다. 그리고 언택트 시대에 비대면 사회가 인간의 사회적 본능을 억압하고 더 큰 우울감과 무력감, 때로는 폭력으로 표출되지 않을까 걱정이 앞서기도 합니다.

이런 시대에 우리 부모들은 자녀를 어떻게 키워야 할까요? 어떻게 하면 아이들의 사회성과 인간력을 극대화할 수 있을까요? 4차산업혁명 시대에 세상은 또 얼마나 변화할까요?

사람의 본질은 바뀌지 않습니다. 인공지능 의사나 로봇 약사가 우울증 약 처방전을 뽑아 주면 그대로 약은 지어 줄 순 있겠지만 그 사람이 왜 우울한지를 깊이 헤아리고 토닥이고 그 사람의 내면적인 근원에서 오는 여러 감정을 보듬어 줄 순 없습니다. 아무리 인공지능이 똑똑한다 한들 우울증에 대하여 개인과 사회 구조를 통합적으로 보면서 그 요인과 변수를 찾아내 사회의 성장과 발전을 이끌어내는 리더십을 갖추기는 어렵습니다.

인공지능이 대신할 수 없는 것이 바로 '인간력'입니다. 휘황찬란한 여러 IT 기술로 완벽하게 데이터를 정리하고 분석하여 보고서는 내줄 수 있겠지만 결국 따뜻함을 전달하는 부모나 선생님, 친구를 대신할 수는 없습니다.

사람의 마음에 공감하고 어루만지는데도 분명 한계가 있을 것입니다. 사람은 잘났든 못났든 영혼이 있고 생기가 있는 '사람'이 있어야 하니까요. '사람'에게는 '사람'이 필요합니다.

사람 대 사람이 소통하며 전해지는 에너지는 살아갈 힘을 부여해 줍니다. 공감이 이루어지면 자신감을 얻고 당당해지지요. 누군가에게 인정받는 일은 자신이 존중받고 있음을 느끼게 하고 사는 이유에 가치를 부여합니다. 이 모든 일은 사람 간 작용으로 일어납니다. 이를 대체할만한 것은 그 무엇도 없습니다. 인공지능 로봇이 개발되며 인간을 위협하지만 감정을 소통할 수는 없습니다.

바로 이 지점에서 인성이 작용합니다. 고차원의 인공지능도 해내지 못하는 공감과 배려, 자기조절 능력 등 인성이 품은 특성이 사람을 더욱 사람답게 하고 품격 높은 인간상을 구현해 내기 때문입니다.

인성이 바로잡히지 못하면 기계와 다를 게 없습니다. 요즘의 사건사고를 보면 마음이 점점 기계화되는 것처럼 느껴집니다. 개인의 이기심과 욕망, 분노와 불만을 통제하지 못하고 자신보다 약한 사람에게 표출합니다. 최첨단화되는 사회의 단면이라고 할 수 있습니다. 그러기에 더욱 인성의 중요성이 강조되는 것이지요.

인성의 기틀을 다지는 아동기의 자녀를 둔 부모는 사람의 가치를 알게 합니다. 여러 사람과 어우러져 살아가는 힘은 어린 시절 부모와의 관계에서 나옵니다. 아이의 내면을 돌보고 헤아리는 부모를 통해 아이는 인성을 키우고 내면과 외면이 다르지 않은 행복하고 건강한 삶을 사는 토대를 만들어갈 수 있을 것입니다.

행복한 성공을 위한 인성 씨앗 6

배상민의 이타주의

배상민 교수는 디자이너라면 평생 한 번 받을까 말까 한 세계 4대 디자인 어워드를 석권하고 전 세계 권위 있는 디자인상을 50여 차례 수상했습니다. 세계적인 디자인 대학인 뉴욕 파슨스 디자인 스쿨에서 동양인 최초이자 최연소로 교수를 역임하고 글로벌 대기업의 명품 디자이너로 활동한 산업디자이너입니다.

내놓은 디자인마다 호평을 받았던 그는 자신이 좋아하는 일로 성공해 만족한 삶을 살고 있다고 생각했습니다. 하지만 어느 순간부터 서서히 그의 마음속에서는 기쁨이 사라지고 점점 부끄러움과 공허함, 허무함이 몰려왔습니다.

"뉴욕에서 잘나가는 디자이너로 살던 시절, 나는 돈을 좇는 소비문화의 일선에서 제품을 만들었다. 그러나 내 직업이 아름다운 쓰레기를 만드는 일이라는 것을 깨닫는 데에는 그리 오랜 시간이 걸리지 않았다. 정크푸드처럼 쉽게 가치 없는 물건들로 사람들의 눈을 가려 지갑을 열게 만드는 일. 나 역시 언젠가 그 세계의 논리에 지배될까 두려웠다"

-배상민, 『나는 3D다』 중에서

그는 자신의 디자인이 사람들에게 새로운 제품을 끊임없이 소비하게 만드는 것에 회의감이 들었습니다. 진정한 디자이너란 계속 소비되는, 충동구매로 사게 만드는 쓰레기를 만드는 것이 아니라, 보다 더 근본적인 문제해결력을 갖춘 디자인을 하는 사람이라고 생각했습니다. 디자인은 문제를 발견하고 해결하는 과정에서 창의성을 발휘하는 것으로, 단순히 제품과 서비스에만 국한되는 것이 아니라 사회적인 문제에도 통용되는 원리라고 생각했습니다.

'어떻게 하면 디자인으로 사회에 공헌할 수 있을까? 어떻게 하면 욕망에 의한 디자인이 아닌 생명을 살리는 디자인을 할 수 있을까?'

삶의 소명과 비전을 재정립한 그는 뉴욕에서 잘나가던 화려한 삶을 정리하고 한국으로 돌아왔습니다. 카이스트에서 학생들에게 산업디자인을 가르치고 연구소를 설립해 월드비전과 함께 여러 나눔 디자인 프로젝트를 진행했습니다.

그는 디자인을 통해 세상에 유익을 끼치겠다는 목적을 구체적으로 실현할 수 있는 '사회 기부 디자인philanthropy design'이란 개념을 만들어 실천하면서 '나눔 디자이너'란 별명까지 얻었습니다. 사랑과 나눔이라는 가치를 담고 세계 10퍼센트 사람들의 자원으로 세계 90퍼센트의 소외된 사람들을 돕는 디자인을 하는 '나눔 프로젝트'를 진행하면서 혁신적인 제품을 디자인하게 되었습니다.

세계 최초의 접이식 MP3 플레이어 '크로스큐브', 전기가 필요 없는 친환경 가습기 '러브팟', 빛의 밝기와 방향을 조절하는 조명 '딜라이트' 전기와 인터넷이 없는 곳에서도 수업이 가능한 '박스스쿨' 등을 제작했습니다. 그의 작품 대부분은 세계적인 디자인 대회에서 수상했는데 특히 '러브팟'은 2008년 독일 IF, 미국 IDEA, 일본 굿디자인, 시카고 굿디자인 등을 모두 석권했습니다.

2015년 레드닷 어워드에서 베스트 오브 베스트 상을 받은 작품 '박스스쿨'은 이동식 컨테이너 교실로 소외된 지역 아이들에게 교육 기회를 주기 위한 작품이었습니다. 이외에도 그는 2006년부터 상품을 개발하고 제품을 판매해 전액 기부하는 나눔 프로젝트를 진행 중이며 현재까지 매년 240명의 저소득층 아이들에게 2천만 원씩을 지원하고 있다고 합니다.

그는 무엇보다 '진짜로 어려운 사람들을 돕고 싶다면 그들 스스로 자신의 문제를 해결할 수 있는 방법을 알려 주고 마침내는 그들 스스로 자립할 수 있도록 해 줘야 한다'는 신념을 가지고 있습니다.

이것이 그가 정의하는 진정한 '나눔'입니다. 그래서 그는 2008년부터 매년 연구팀 학생들과 함께 아프리카를 비롯해 어려운 지역을 찾아 식수와 전기 부족 등 그곳의 이웃들이 직면한 문제를 해결하기 위해 노력하고 있습니다.

이렇게 자신의 재능으로 세상에 선한 영향력을 발휘하는 배상민 교수는 자신의 재능은 부모님의 삶의 태도에서부터 비롯되었다고 말합니다. 그의 부모님은 봉사와 나눔이 삶의 일부였습니다. 어머니는 25년 넘게 매주 목요일과 일요일 호스피스 봉사를 하셨는데, 단 한 번도 빼먹은 적이 없다고 합니다. 본인이 큰 질병으로 고생하고 있을 때도 봉사활동은 멈추지 않았습니다. 목요일은 종일, 일요일에는 밤을 새우며 죽어가는 환자를 간병하고, 돌보던 환자가 세상을 떠나면 염도 손수 진행할 정도로 꾸준하고 성실하게 봉사했습니다. 호스피스 봉사뿐 아니라 배상민 교수가 어린 시절부터 교도소 등 사회의 여러 그늘진 곳에서도 일상적으로 봉사를 했습니다.

"나누고 돕는 건 우리 가족에게 특별하지 않은 일상이었어요."

무엇보다 그의 부모님은 아들에게 공부하라는 잔소리를 거의 하지 않았다고 합니다. 대신에 생활 태도와 인성에 대해서는 굉장히 엄격했습니다. 아들이 예술적인 감성과 재능이 풍부하고 너무 자유분방한 기질을 가지고 있어서 자신만 알고 생활이 방탕하지 않도록 '절제'를 강조했습니다. 매일의 생활을 허투루 보내지 않도록 습관을 잡아 주었습니다. 지금도 배상민 교수는 많은 사람에게 강조합니다.

"마음으로 꿈꾸고, 머리로 디자인하고, 손으로 나눔을 실천하며 자신의 꿈을 이루어 사회와 함께 공유하는 삶은 행복합니다."

많은 전문가가 미래 인재에게 가장 필요한 능력과 자질로 '창의성'을 꼽습니다. 부모 또한 내 아이가 창의성이 풍부하여 미래에도 경쟁력 있는 인재가 되길 원합니다. 하지만 창의성은 주입식 교육으로 키울 수 있는 부분이 아닙니다. 오히려 인성과 같이 자라는 단짝입니다.

아이가 미래 인재로 성장하길 바란다면, 정말 창의력 넘치는 아이로 키우고 싶다면, 세상과 사람에 대한 공감 능력과 이타성을 키워주세요. 아이에게 자신의 삶, 꿈, 재능, 경험을 어떻게 세상과 공유할지 그 씨앗을 심어 준다면 언젠가는 창의력을 발휘하며 큰 나무로 자랄 것입니다. 이 창의력은 결국 세상을 더 나은 곳으로 변화시키는 열매가 될 것입니다.

참고 자료

도서

조벽 저, 『인성이 실력이다』, 해냄출판사, 2016
이시형 저, 『부모라면 자기조절력부터』, 지식플러스, 2016
최성애 저, 『나와 우리 아이를 살리는 회복탄력성』, 해냄출판사, 2014
최성애, 조벽 저, 『정서적 흙수저와 정서적 금수저』, 해냄출판사, 2018
예스퍼 율 저, 김태정 역, 『부모와 아이 사이 사랑이 전부는 아니다』, 위즈덤하우스, 2016
앤절라 더크워스 저, 김미정 역, 『그릿』, 비즈니스북스, 2016
김주환 저, 『회복탄력성』, 위즈덤하우스, 2011
김선호 저, 『내 아이는 괜찮을까』, 봄스윗봄, 2019
Bork Shigeko 저, 장희윤 역, 『비인지능력 키우기 엄마수업』, 대경북스, 2019
이상준 저, 『이타적 자존감 수업』, 다산북스, 2020
천경호 저, 『리질리언스:다시 일어서는 힘』, 교육과실천, 2018
신배화 저, 『결국 인성이 이긴다』, 오리진하우스, 2017
우수명 저, 『기적의 성품학교』, 아시아코치센터, 2012
SBS스페셜제작팀 저, 『밥상머리의 작은 기적』, 리더스북, 2020
장화용 저, 『들어주고, 인내하고, 기다리는 유대인 부모처럼』, 스마트비즈니스, 2018
조우관 저, 『초등 감정 수업』, 유노라이프, 2020
한국아동청소년심리센터, 이향숙·, 김경은, 서보라 저, 『초등 사회성 수업』, 메이트북스, 2020
멘탈리스트 다이고 저, 김해용 역, 『좋아하는 것을 돈으로 바꾸는 법』, 동양북스, 2017
벤저민 프랭클린 저, 『프랭클린 자서전』, 느낌이 있는 책, 2017
존 템플턴 저, 박정태 역, 『템플턴 플랜』, 굿모닝북스, 2020

신문, 잡지,칼럼

김희삼, 자녀교육과 부모교육, KDI경제정보센터, 2018.8월호

김유겸, 운동을 열심히 하면 성공도 하고 행복해질 수 있을까? 매일경제, 2017.10.24.

위정환, 월가의 신화 존 템플턴 95세 일기로 지다, 매일경제, 2008.07.09.

김소엽, [최고의 유산] 나눔이 축복이라던 어머니, 세상 살리는 디자인하는 아들, 중앙일보 2016.3.30.

나는 인간의 행동을 경멸하거나 탄식하거나 비웃지 않고
다만 이해하기 위해 끊임없이 노력해왔다.
이해하려고 노력하는 행동이 미덕의 첫 단계이자 유일한 기본이다.
스피노자

진지한 사람이라면 도덕성을 수양하기 위해 필요한 노력의 상당부분이
바로 자신의 과거와 현재 행동으로 야기된 불쾌한 결과를
인정할수 있는 용기라는 점을 안다.

존 듀이

인격은 지성보다 높다.

랄프 왈도 에머슨

모든 사람의 운명은
자기 성격에 의해 만들어진다.
네포스